Karin und Anton Kummer

Natura Sanat – wie die Natur heilt

und wie wir sie darin ganzheitlich
natürlich unterstützen können

Autoren: Karin Kummer, Anton Kummer

Lektorat: Katharina Bergmann, BA

Typografie und Layout: Ing. Reinhard Bergmann

Coverdesign: Pia Brezina

Verlag:

rb-media, St. Margarethen an der Sierning, Austria

Herstellung:

BoD – Books on Demand, Norderstedt, Germany

Copyright © 2021

rb-media e.U.

Alle Rechte vorbehalten.

rb-media.at

ISBN

Taschenbuch: 978-3-9519857-4-9

eBook: 978-3-9519857-5-6

Der Inhalt dieser Broschüre dient allein der Information. Es liegt nicht in der Absicht des Verfassers, Diagnosen zu stellen oder medizinische Verordnungen zu erteilen. Wenn der Leser diese Informationen dazu benutzen will, seine eigenen Gesundheitsprobleme zu lösen, nimmt er sein Recht auf Selbstbehandlung in Anspruch. Der Verfasser kann jedoch keine Haftung übernehmen.

Inhaltsverzeichnis

Vorwort 9

Über die Selbstheilungskraft 15

Ohne Energie kein Leben 21

Den Krankheits- und Gesundheits-Ursachen auf der Spur 29

Auf neuen Wegen 39

Erläuterung einer naturheilkundlichen Behandlung 43

Das „Gelübde" für ein gesundes und selbstbestimmtes Leben 47

Gesunder Lebensstil im 21. Jahrhundert 50

Tipps für einen gesunden Lebenswandel 61

Die Pflege der Darmflora 65

Entgiftung 68

Naturheilkundliche Entgiftungsanwendungen im Detail 93

    Heilsames Fasten 93

    Die salinische Ableitung auf den Darm 95

    Der Einlauf 97

    Entgiftung über Haut und Nieren 102

Ordnungstherapie – gesunder Lebenswandel in seiner urtümlichsten Form 105

    Das Luftbad 108

    Wasseranwendungen 112

    Die Sonne 120

Ein Tag wie in der Erholungsklinik vor 100 Jahren 131

Schlusswort 141

Anhang A: Die Überlebenspersönlichkeit 143

Anhang B: Der Patient und sein Umfeld 145

Anhang C: Das einfache Geheimnis eines unüberwindbaren Immunsystems 147

Anhang D: Tipps zur zusätzlichen Infektabwehr mit biologischen Mitteln für Jung und Alt 153

Anhang E: Wie ein Selbstbehandlungsplan bei einer akuten Covid-19-Infektion aussehen könnte 155

Biografie 160

Literaturhinweise 162

Quellen 163

Haftungsausschluss 164

Platz für Notizen 166

*Wenn die Tatsache,
mit der wir zu tun haben,
im Gegensatz zu einer herrschenden
Theorie steht, muss man die Tatsache
akzeptieren und die Theorie abtun;
selbst wenn letztere durch große Namen
untermauert und allgemein anerkannt ist.*
CLAUDE BERNARD

Vorwort

Das Leben eines durchschnittlichen Mitteleuropäers war noch nie so bequem wie heute. Der Wohlstand ist auf seinem Höhepunkt und wir müssen buchstäblich nur noch einen Finger rühren. Einkaufen und Dating per Mausklick, Saubermachen und Essenszubereitung per Knopfdruck. Maschinen arbeiten für uns und übernehmen zunehmend unser Denken.

Bei genauerer Betrachtung wird uns die vermeintliche Bequemlichkeit aber zum Verhängnis, wenn wir uns dem körperlichen und geistigen Nichtstun zu sehr hingeben und die Verantwortung für unser Leben (und das unserer Schutzbefohlenen) an höhere Instanzen abgeben. Bestes Beispiel dafür ist die übermächtige Werbeindustrie, die stets darauf bedacht ist, uns noch stärker einzulullen – und es funktioniert, denn der Mensch ist von Natur aus faul. Unser Gehirn braucht unheimlich viel Energie – beispielsweise für tägliche Entscheidungen – und wir sind dankbar, wenn uns diese Entscheidungsfindung leichter gemacht oder ganz abgenommen wird.

Dies kann zu einem ungesunden Lebensstil führen. Denn unser Gesundheitszustand ist letztendlich die Summe unserer täglichen Entscheidungen. Zum Frühstück Kaffee oder Tee, Müsli oder Zimtschnecke, Auto oder Fahrrad, Aufzug oder Treppe, Limonade oder Wasser, Kochen oder Mikrowelle – eine schier unendliche Liste. Was schließlich übrig bleibt, ist die Entscheidung zwischen Gesundheit oder Krankheit.

Auch die Medizin wird mit den diversen Veränderungen der letzten Jahrzehnte konfrontiert und stößt dabei auf Probleme. Chronische Erkrankungen, die immer häufiger durch Veränderungen der Umwelt und unseren Lebenswandel verursacht werden, sind auf dem Vormarsch.

Fazit: Das Leben wird für uns alle unbequemer und verlangt nach Umorientierung.

Was früher gut funktionierte, erweist sich heute zunehmend als Notlösung.

Die bloße Benennung einer Erkrankung im schulmedizinischen Sinne (Diagnose) mit anschließender Therapie/Medikation reicht für eine ganzheitliche Gesundung meist nicht mehr aus. Es bedarf kreativer Problemlösungen anstatt starrer Strukturen.

Die Naturheilkunde orientiert sich nur wenig an Krankheitsklassifikationen im traditionellen Sinne. Sie bedient sich vielmehr der individuellen Beurteilung des Milieus, der Konstitution und ihren Systemschwächen, der Energetik und Individualität des jeweiligen Klienten.

Die Naturheilkunde ist ein Konzept, das auf Erfahrungswissen und nicht auf klinischen Studien oder Theorien basiert.

Traditionelle Heilsysteme sind so individuell wie die Menschen, für die sie geschaffen wurden. Dennoch haben all diese Methoden ein gemeinsames Ziel: **Im Menschen die angeborene natürliche Lebensordnung wiederherzustellen.**

Um im Gleichgewicht zu bleiben, benötigt unser Körper positive Reize. Der Kontakt mit den Elementen, die uns umgeben, ist essenziell. Licht in verschiedenen Stärken, Temperaturen in allen möglichen Variationen, Wasseranwendungen, direkter Kontakt zur Erde mit ihren Pflanzen und natürlich frische Luft. Von all diesen „natürlichen Medizinen" erhalten wir meist zu wenig. Ohne Reize verlieren wir die Fähigkeit, unseren Körper wahrzunehmen und das Leben wird buchstäblich reizlos.

Methoden der traditionellen Naturheilkunde sind:

- **Entgiftung**
- **Unterstützung der Selbstheilungskräfte**
- **Steigerung des Selbstbewusstseins/Selbstwertes**
- **Mentale Stabilität**

Mit diesen Maßnahmen kam man bis vor rund 60 Jahren noch ziemlich weit. Doch die Zeit bleibt nicht stehen und auf naturheilkundlicher Seite wird stetig geforscht. Neben der traditionellen gibt es auch die moderne Naturheilkunde. Diese beschäftigt sich weniger mit philosophischen als mit biochemischen Denkansätzen, die mittlerweile für effektive ganzheitliche Therapien unerlässlich geworden sind.

Dazu gehören:

- Aktivierung und Unterstützung der Mitochondrien-ATP-Bildung bzw. deren Regeneration
- Ursachenfindung für Regulationsstörungen und rückinformierendes Eingreifen

Modulierung (Korrigieren) von Immunentgleisungen wie z.B. bei Allergien, Autoimmunerkrankungen, Krebs und chronischen viralen Erkrankungen wie reaktivierter Epstein-Barr-Infektion

Wenn Sie sich auf diesen Weg begeben, seien Sie sich stets bewusst:

- Eine Naturheilbehandlung kann und will nicht heilen
- Eine Naturheilbehandlung versteht sich als Hilfe zur Selbsthilfe und Selbstheilung
- Eine Naturheilbehandlung erfordert vom Patienten erhebliche therapeutische Anstrengung
- Eine Naturheilbehandlung erfordert ein gewisses Maß an Mitarbeit, Kommunikation, Disziplin und Selbstüberwindung

Der Patient heilt sich selbst. Der Naturheiltherapeut dient lediglich als Wegweiser und Begleiter.

Die reine Naturheilkunde ist zwar ein harter und anspruchsvoller Weg, hat aber seit Jahrtausenden immer wieder zu Erfolgen geführt, die so manche schulmedizinische Therapie bis heute vermissen lässt.

Nur Selbstheilung ist wirkliche Heilung.

Heilung kann nie von Medikamenten kommen, sondern bestenfalls eine symptomatische Linderung – vor allem in akut lebensbedrohlichen Situationen – hervorrufen.

Die verschiedenen Methoden der Naturheilkunde haben – bei richtiger Anwendung – zum Ziel,

- das gesundheitliche Gleichgewicht im Patienten wiederherzustellen.
- die natürlichen Gesundungsbestrebungen des Körpers zu unterstützen und zu beschleunigen.
- die Energie und Gesundheitskräfte wie Regenerationsfähigkeit, Selbstheilungskraft und Immunität zu optimieren.

Eine korrekt ausgeführte Naturheilbehandlung führt nur über die Wiederherstellung gestörter Regulations-, Selbstheilungs- und Regenerationskräfte zum Erfolg.

*Zu einer klugen Lebensführung ist nur fähig,
wer seine Emotionen wahrnehmen,
steuern und voraussehen kann.
Glücksgefühle sind kein Zufall,
sondern eine Folge der richtigen Gedanken und Handlungen -
in dieser Auffassung stimmen die moderne Neurowissenschaft,
die antike Philosophie und der Buddhismus überein,
der an ein strenges Prinzip von Ursache und Wirkung glaubt.*
STEFAN KLEIN

*Heilung ist das Umarmen dessen,
was man am meisten fürchtet;
Heilung ist das Öffnen dessen,
was verschlossen war,
das Weichwerden dessen,
was zur Blockade verhärtet war.
Heilung besteht darin,
zu lernen, dem Leben zu vertrauen.*
JEANNE ACHTERBERG

Über die Selbstheilungskraft

Ein sehr häufig gebrauchtes Wort in der Alternativ-Szene. Doch was bedeutet es konkret? Das am leichtesten zu verstehende Bild ist jenes, das wir im Geiste vor uns sehen, wenn es um kleinere Verletzungen geht. Man stößt sich und der blaue Fleck verschwindet bald, man schneidet sich und die Wunde schließt sich und heilt. Das ist Selbstheilung im Kleinen und für die meisten von uns selbstverständlich. Kaum jemand würde dafür zum Arzt gehen, denn der Körper „heilt sich von selbst". Aber was ist mit schwereren Erkrankungen? Wo genau die Grenze dieser Selbstheilungskraft liegt, da scheiden sich die Geister. Trauen wir unserem Körper zu wenig zu und wenn ja, warum eigentlich?

Der Kern der Selbstheilungskraft liegt im Wunder der Lebenskraft an sich. Jedes Land, jede Kultur hat ihren eigenen Begriff dafür und im Laufe der Jahrtausende wurden individuelle Heilsysteme entwickelt.

- Paracelsus nannte es Archeus
- Hahnemann (Begründer der Homöopathie) nannte es Dynamis
- Wilhelm Reich nannte es Orgon
- Die Chinesen nennen es Chi
- Die Inder nennen es Prana
- In der Biochemie nennt man es ATP (Adenosintriphosphat) Es entsteht durch die enzymatische Energiegewinnung in

den Mitochondrien mittels Zucker und Sauerstoff. Ohne ATP würden unsere Zellen „ersticken".

> *Das Argument, lebende Organismen seien nur mit den Gesetzen der Physik und Chemie zu erklären und es gäbe keine Vitalitätskraft, stimmt nicht mit der modernen Quantentheorie überein.*
> WERNER HEISENBERG
> *deutscher Wissenschaftler und Nobelpreisträger*

Diese Kraft lässt die Nahrung, die wir aufnehmen, zu Energie werden und ist unablässig darauf bestrebt, das Gefüge von Individuum und seiner Umwelt im Gleichgewicht zu halten.

Wie die Nahrung, so der Nährstrom, wie der Nährstrom, so das Blut, wie das Blut, so das Fleisch und Gehirn.

BOERHAVE
Begründer der modernen Krankenbeobachtung

In der antiken Krankheitslehre kannte man nur zwei Krankheitsursachen: Mangel und Überlastung (Überfluss). Das mag uns heutzutage antiquiert erscheinen, bei genauerer Betrachtung ist diese Ansicht jedoch gar nicht so falsch. Viele unserer „Volkskrankheiten" entstehen durch Überlastung des Körpers durch einseitige (Mangel-)Ernährung oder durch ein generelles Übermaß – zu viele Genussmittel oder industriell verarbeitete Nahrungsmittel. Da der Körper ein ungemein flexibles Konstrukt darstellt, kommt er kurzfristig mit solchen Schwankungen zurecht. Langfristig an diesen Belastungszustand gebunden, büßt der Körper jedoch sehr viel an Energiereserven ein, die er eigentlich zur natürlichen Regeneration der Zellen aufwenden würde. Die Folge sind diverse Krankheiten und vorzeitiges Altern.

Der Arzt verbindet deine Wunden.
Dein innerer Arzt aber wird dich gesunden.
Bitte ihn darum, so oft du kannst.
PARACELSUS

Die Selbstheilungskräfte wirken unbemerkt im Hintergrund

Täglich beseitigen Enzyme Defekte im Gewebe und in der Erbsubstanz-DNA und verhindern so den Ausbruch von Krebs und Immunstörungen.

Täglich wehrt unser Immunsystem verschiedenste Erreger ab, ohne dass wir dies überhaupt bemerken.

Täglich werden Krebszellen erkannt und meist durch Apoptose – den automatischen Zelltod für geschädigte oder fehlentwickelte Zellen – beseitigt.

Täglich werden allergische oder autoimmune Immunreaktionen durch das angeborene Immunsystem rückreguliert und ausgebremst.

Immer wieder werden Zellen erneuert.

- Etwa eine Milliarde Hautzellen pro Tag
- Rote Blutkörperchen werden alle 30 - 120 Tage erneuert
- Thrombozyten werden alle 3 - 10 Tage erneuert
- Bei Erwachsenen werden täglich Milliarden reife Blutzellen gebildet

Dauer der Neubildung (Regeneration) von verschiedenen Gewebezellen durch unsere Selbstheilungskräfte:

Schleimhaut 2 Tage

Darminnenhaut 3 Tage

Hautgewebe 7 – 10 Tage

Gelenkflüssigkeit 7 – 14 Tage

Leberzellen 21 – 60 Tage: 70%, 6 Monate: 90%

Muskelgewebe (auch Herzmuskel) 3 – 4 Wochen

Nucleus pulposus, Gallertkern der Bandscheibe 3 – 4 Wochen

Knochengewebe 4 – 6 Wochen

Lymphgefäßgewebe 4 – 6 Monate

Darmzellen 4 – 6 Monate

Gefäße degenerativ (z.B. durch Arteriosklerose) 6 Monate – 1,5 Jahre

Annulus fibrosus, Kapsel der Bandscheibe 1 – 1,5 Jahre

Sehnengewebe 1 – 1,5 Jahre

Gelenk-Kapselgewebe 1 – 1,5 Jahre

Knorpelgewebe 1 – 2 Jahre

Rückregulation von fehlgeleiteten Immunreaktionen (z.B. chronische Entzündungen, Allergien, Autoimmunerkrankungen) 6 Monate – 3 Jahre z.B. Arthritis je nach bereits bestehender Dauer der Fehlregulation

Nervengewebe 6 Monate – 3 Jahre

Neueste Forschungen zeigen:

Selbst Nervenzellen des Rückenmarks besitzen auch viele Wochen nach einer Verletzung noch die Fähigkeit zu wachsen. Die Regeneration wird jedoch durch Narbengewebe verhindert, das nach der Verletzung entsteht.

„Zum einen ist nun klar, dass verletzte Nervenzellen auch nach langer Zeit noch auswachsen können, wenn sie richtig stimuliert werden. Zum anderen wissen wir nun, dass eine Aktivierung der Wachstumsgene allein nicht ausreicht, um Nervenzellen des Zentralen Nervensystems wieder wachsen zu lassen. Für eine erfolgreiche Regeneration muss auch die Ausbildung des Narbengewebes verhindert oder zumindest reduziert werden."

Quelle: Chronically CNS-injured adult sensory neurons gain regenerative competence upon a lesion of their peripheral axon? B. Ylera, et. al., *Current Biology* **2009**

Ohne Energie kein Leben

Der Fähigkeit zur Selbstheilung liegt das Wunder der Lebensenergie zugrunde.

In der klassischen Naturheilkunde kennt man 2 grundlegende Arten der Energiegewinnung bzw. dessen Speicherung:

- Nährstoff-Aufnahme und Verwertung durch den Darm
- Genetisch angelegte Lebenskraft durch die individuelle Konstitution

Die **Biochemie definiert die Lebensenergie** über die sogenannte Atmungskette in den Mitochondrien, einfach dargestellt als:

GLUCOSE (Traubenzucker) + SAUERSTOFF = funktionierende ZELLATMUNG (ATP) mit dem Abfallprodukt Kohlendioxid

Demzufolge können Alterungsprozesse und degenerative Erkrankungen durchaus als Resultat von chronischem Energiemangel (Mitochondrienschwäche/-störung) der Zellen bezeichnet werden.

Auf *physiologischer Ebene* verliert der Körper nach und nach die Fähigkeit, sich zu regenerieren und Gewebestrukturen neu aufzubauen.

Auf *immunologischer Ebene* entstehen neben Krankheiten wie Infektanfälligkeit (geringe Immunantwort), Autoimmunerkrankungen und Allergien (überschießende Immunantwort) die sogenannten Degenerationskrankheiten (Siechtum).

Auf *hormoneller Ebene* entstehen durch Schwäche der Hormondrüsen verschiedenste hormonelle Störungen bzw. Schwankungen, die das Wohlbefinden der Betroffenen sehr stark beeinflussen können.

Auf *enterologischer Ebene (Verdauungstrakt)* spielt vor allem der Energiemangel durch die (oft lange unbemerkte) Selbstvergiftung aus dem Darm nach F. X. Mayr eine bedeutende Rolle in der klassischen Naturheilkunde.

Diese Art der Betrachtung des menschlichen Körpers in der Naturheilkunde unterscheidet sich grundlegend von der schulmedizinischen Vorgehensweise und kann daher in keiner Weise miteinander verglichen werden.

Jedoch mag gerade diese Sichtweise für jene, die Heilung und Harmonie auf ganzheitlicher Ebene anstreben, wohl am meisten Bedeutung haben.

Wenn die Energiebildung im Körper verbessert bzw. auf ein Optimum gebracht wird, kann es dem Körper künftig wieder möglich werden:

- Laufend kleine Reparaturen vorzunehmen und so spür- und sichtbare Krankheiten zu vermeiden

- Regenerationsprozesse rasch und unkompliziert ablaufen zu lassen

- Auf Krankheitserreger mit adäquaten Immunantworten zu reagieren

- Hormondrüsen kräftig und normal arbeiten zu lassen

- Uns psychisch und physisch ausgeglichener werden zu lassen

Bevor wir uns an die Arbeit machen, wollen wir noch einen genauen Blick auf mögliche Ursachen, Folgen und Symptome einer chronischen Zellatmungsstörung bzw. des chronischen Energiemangels werfen. Diese Information soll nicht als eine Art Selbstdiagnose dienen, sondern die Tragweite dieses Themas aufzeigen.

Mögliche Ursachen:

- Mangel an Vitaminen, Mineralstoffen und Spurenelementen – entweder durch erhöhten Verbrauch, verminderte Aufnahme oder eine Mischung aus beidem

- Vermehrte Bildung von Stoffwechselgiften (Dysbiose des Darms, Stauungszustände der Körpersäfte, etc.) inklusive verminderter Bildung und Leistung von Entgiftungsenzymen durch eine ungesunde Lebensführung

- Toxische Belastungen durch Umweltgifte, Schwermetalle, Zahnmaterialien, ...

- Toxische Strahlenbelastung durch Erdstrahlen, Funk- und Handystrahlungen, radioaktive Strahlungen

- Folgen nach schweren Entzündungen, viralen Infektionen und traumatischen Erfahrungen

- Chronische Entzündungen und damit einhergehende erhöhte Entzündungsbereitschaft, oxidativer/nitrosativer Stress mit in der Folge dauerhaft erhöhten Entzündungsbotenstoffen, welche zu Übergewicht, Bluthochdruck, immunologischen Entgleisungen oder Depressionen führen können

Die folgende Auflistung von Symptomen, die durch Zellatmungsstörung/Energiemangel ausgelöst werden können, mag auf den ersten Blick lange und unlogisch erscheinen. Bei eingehender Betrachtung ergibt sie aber durchaus Sinn und folgt einer Logik, die den ganzheitlich denkenden Leser inspirieren kann:

- **Gehirn/Nervensystem/Psyche**
  Chronisches Energiedefizit (leichte Erschöpfbarkeit, Verringerung konzentrativer mentaler und kognitiver Fähigkeiten, geringe Ausdauer mit langen Erholungszeiten), Kopfschmerzen, Migräne, Nackenschmerzen, **Schwindel**, Schlafstörungen, Depressionen, undefinierbare Ängste, erhöhter Empfindlichkeit gegen Licht, Hektik, Zugluft, Übererregbarkeit, Entwicklungsstörungen des kindlichen Gehirns

- **Sinnesorgane**
  Zeitweilige Sehstörungen (Schleier- und Verschwommensehen, Blend- und Lichtempfindlichkeit), allgemeine Gesichtsfeldausfälle, nächtliches Zuschwellen der Nase, Fließschnupfen, Tinnitus

- **Herz-Kreislauf-System**
  Niedriger Blutdruck, Luftnot bei Belastung, hoher Ruhepuls und Herzrhythmusstörungen

- **Immunsystem**
  Erhöhte Temperatur nach Erschöpfung, wiederkehrende oder chronische Infekte, Histaminosen, Allergien, Autoimmunerkrankungen

- **Hormonsystem**
  Schilddrüsenstörungen

- **Verdauungsorgane**
  Reizdarmsyndrom, Nahrungsmittelunverträglichkeiten, Kohlenhydratverwertungsstörungen, Fruktose-, Lactose- und Glutenintoleranz, Unterzuckerungssyndrom, ständiges Hungergefühl, Diabetes

- **Harnorgane**
  Kälteempfindliche Blase, häufiger Harndrang nachts und auch tagsüber

- **Haut**
  Generelle Überempfindlichkeit v.a. gegenüber Sonnenlicht, Trockenheit, Hauterkrankungen verschiedenster Art

- **Bewegungsapparat**
  Muskelschwäche, Gelenk- und Rückenschmerzen, Schulter-Arm-Syndrom, Karpaltunnelsyndrom, Polyarthritis, Arthrosen, Fibromyalgie

- **Gynäkologische Organe**
  Menstruationsbeschwerden, Zysten, Endometriose, Myome, Fruchtbarkeitsstörungen, Schwangerschaftskomplikationen, Mastopathie

- **Sonstige**
  u.a. Metabolisches Syndrom (Entwicklung über Jahre hinweg, auch bei zunächst hypotoner Blutdrucklage und Hypoglykämie), bei schweren Verlaufsformen dagegen teils rapider Gewichtsverlust, Hämsynthesestörungen wie Porphyrie und Kryptopyrrolurie; Empfindlichkeit gegen Fremd- und Schadstoffe (MCS)

Quelle: http://www.symptome.ch/wiki/Mitochondropathie

Diese Liste erhebt keinen Anspruch auf Vollständigkeit.

Wissenswertes über Mitochondrien

Mitochondrien sind zur Erfüllung ihrer Aufgaben mit über 50 Enzymen ausgestattet, die teils organspezifisch sind und jeweils aus bis zu 40 Proteinen bestehen. Je nach Lokalisation der Defekte kommt es zu vielfältigen Kombinationen unterschiedlicher Symptome und Folgeerkrankungen. Charakteristische Kombinationen werden zu Syndromen (Krankheitsbildern, *griech.* „Syndrom" für Zusammenlaufen) zusammengefasst. Besonders viele Mitochondrien befinden sich in Zellen, die viel Energie verbrauchen, wie Muskelzellen, Nervenzellen, Sinneszellen, Eizellen, Zellen der Darmschleimhaut und des Immunsystems. Symptome des Nervensystems und der Muskulatur sind in fast allen Fällen von Mitochondropathie vorhanden. Im letzteren Fall spricht man von einer Mitochondrialen Myopathie (*griech.* „myos" für Muskel).

Mehr dazu können Sie nachlesen:
„Mitochondrien – Symptome, Diagnose und Therapie"
Dr. sc. Med. Bodo Kuklinski
Aurum Verlag

Den Krankheits- und Gesundheits-Ursachen auf der Spur

Lasst uns das Kind beim Namen nennen: Der Mensch ist grundsätzlich faul.

Wir alle möchten schnelle, bequeme und leicht zu begreifende Lösungen, die sich im Idealfall nahtlos in unser Weltbild einfügen. Das fängt bereits im Kleinkindalter bei der Wahl des Lieblingsspielzeugs an und hört gegen Ende des Lebens mit der Verteidigung liebgewonnener Gewohnheiten auf.

Das weite Feld der Gesundheit bildet da keine Ausnahme. Auch oder gerade bei diesem Thema wollen wir möglichst schnell von unseren Beschwerden befreit werden, um danach zur Tagesordnung übergehen zu können. Der Haken an der Sache ist meist, dass die Beschwerden, die es loszuwerden gilt, erst durch die eigenen Lebensgewohnheiten entstanden sind – zu wenig Schlaf, zu wenig Sport, zu viel ungesundes Essen usw.

Die Schulmedizin kann oftmals schnelle Abhilfe schaffen: Schmerzmittel, Schlafmittel, Antibiotika, etc. bringen Erleichterung. Einfach ein Mittel einnehmen und schon ist der Fall erledigt – oder doch nicht?

Der Grat zwischen Schmerzfreiheit und Heilung ist schmal und kann im schlimmsten Fall anstatt eines Weges eher zu einem Trampelpfad oder Abgrund werden.

Der menschliche Körper ist in seiner Gesamtheit ein ebenso kompliziertes wie geniales Werk, das nur durch ausreichendes Verständnis für seine Bedürfnisse dauerhaft leistungsfähig zu erhalten ist. Das klingt weder leicht noch einfach – ist es auch nicht. Zumindest zu Anfang.

Der erste und wohl auch schwerste Schritt ist der, sich einzugestehen, dass MAN SELBST für das eigene Wohl (oder Unwohl) verantwortlich ist.

„Was habe ich falsch gemacht, sodass mein Körper auf sich aufmerksam machen muss?" Dies nennt man Selbstverantwortung.

Die reinste Form des Wahnsinns ist es, alles beim Alten zu lassen und gleichzeitig auf Veränderung zu hoffen.
ALBERT EINSTEIN

Denn wenn man nichts ändert, dann ändert sich nichts.

Jede Umstellung des Lebens ist mit gewissen Mühen verbunden. Diese sollte man jedoch nicht scheuen, wenn man die Aussicht auf ein vitaleres, lebendigeres Leben hat.

Mit seinem Körper in Kontakt zu treten ist eine aufregende Reise des Suchens und Findens. Der Körper wird zu Beginn allerdings eher nicht antworten, da er

- durch jahrelange Unterdrückung gelernt hat, Belastendes eher zu verdrängen, anstatt es zu entfernen.
- durch chronischen Energiemangel nicht die Kraft für effiziente Heilprozesse aufbringen kann.

Antwortet er schließlich doch, dann eher auf unangenehme Weise. Man nennt dies die „Erstverschlimmerung". So unangenehm diese auch werden kann, sehen Sie es als etwas durchaus Positives. Es ist quasi das erste „Gespräch", das Ihr Körper nach langer Zeit mit Ihnen führen möchte.

In dieser Phase, die erfahrungsgemäß gleich zu Beginn oder innerhalb der ersten vier bis acht Wochen auftritt, startet der

Körper den Versuch, sein lange vermisstes Gleichgewicht wieder herzustellen.

Es ist eine anstrengende Zeit. Zum einen, weil sie von körperlichem Unwohlsein begleitet wird und zum anderen, weil sie die schon erwähnte Veränderung beinhaltet. Der gewohnte Lebenswandel kann nicht mehr beibehalten werden und neue Prioritäten müssen gesetzt werden, um den Körper bei seinen Bemühungen zu unterstützen.

Sie werden sich nun möglicherweise fragen: „Wie kann das sein? Wenn ich meinem Körper dabei helfe, gesünder zu werden, warum fühle ich mich dann elend?"

Die Antwort lautet: Weil Ihr Körper, trotz seines Zustandes, lange geschwiegen hat. Nun zeigt er Ihnen, dass es ihm schlecht geht, weil Sie ihm die Möglichkeit dazu bieten. Dies ist der erste Schritt zu ECHTER Gesundheit – nicht bloßer Beschwerdefreiheit.

Apropos Beschwerdefreiheit: Es handelt sich dabei um einen Zustand, der sowohl Gesunde als auch Schwerkranke betreffen kann. Der Gesunde hat keine Beschwerden, weil diese völlig grundlos wären. Der chronisch Kranke fühlt sie nicht (mehr), weil der Körper das Signalisieren aufgegeben hat.

So können sich Gesunde auf dem Weg zur Krankheit und Kranke auf dem Weg zur Gesundheit auf der Ebene des Schmerzes die Hand geben.
Schmerz bedeutet Veränderung, der Kontext ist individuell und völlig subjektiv.

Nach der Erstverschlimmerung folgt in der Regel große Müdigkeit, der Körper braucht Zeit, um sich zu erholen und der Geist braucht Zeit für Klärung. Ein vermehrtes Schlafbedürfnis ist normal. Daher sollte das große Heilmittel des Schlafens unbedingt angewandt werden. Bei erfolgreicher Ausbalancierung stellt sich zudem ein tiefes Gefühl der Zufriedenheit ein.

Krankheit ganzheitlich definiert

In der Naturheilkunde betrachtet man Krankheit als eine Ansammlung von Giften, die der Körper loswerden will. Diese Bemühungen sind uralte Überlebensstrategien und biologisch sinnvoll. Was verstehen wir nun unter dem Begriff „Gift"?

- Physische Gifte: Krankheitserreger wie Viren, Bakterien, Pilze, Parasiten, Umweltgifte, Schwermetalle, belastende Strahlungen, Stoffwechselgifte, Darmgifte

- Seelische Gifte: Zorn, Ängste, unverarbeitete Traumen des Lebens

- Geistige Gifte: Familiensystematische Unordnungen, ungesunde Beziehungen, niederziehende Denkmuster, gewohnheitsmäßiges Lügen, Gier, etc.

Jede Art von Krankheit bedeutet, dass der Mensch als ganzheitliches Wesen mit seinem Gefüge aus Körper-Geist-Seele betroffen ist.

Der naturheilkundliche Therapeut sieht jeden Menschen als ein Individuum. Wenn der Mensch nicht nur körperlich, sondern auch geistig-seelisch betrachtet wird, muss der Fachkundige auch Eigenschaften, Temperament, Interessen, etc. in seine Arbeit mit einbeziehen.

Jeder Mensch kann nur dann wahrhaftig gesund sein, wenn er sich mit allem was er ist, entfalten und in Harmonie mit seiner Umwelt leben kann. Ist das über lange Zeit nicht der Fall, kommen unterdrückte Gefühle früher oder später auf körperlicher Ebene zum Vorschein. Man spricht dabei meist von psycho-somatischen Krankheitsursachen.

Meist liegen die Ursachen dafür in der Vergangenheit.

Hinterfragenswerte Themen sind u.a. Ernährung, Schlaf, berufliche und private Beziehungen, allgemeiner Lebenswandel, einschneidende Lebenserfahrungen, etc.

Krankheiten sind immer ein Anzeichen dafür, etwas nicht richtig gemacht zu haben. Ein solcher Zustand möchte uns zum Innehalten und Überdenken unseres Lebens bewegen.

Jede Krankheit hat seinen Sinn und man sollte sich die Zeit nehmen, diesen zu entdecken.

Weiters spielt die Unterscheidung zwischen akuten chronischen Themen eine wichtige Rolle.

Beispiel:

Ein andauernder psychischer Konflikt, der sich über längere Zeit entwickelt hat, schwächt langsam (fast unmerklich) aber sicher den gesamten Menschen. Die Auswirkungen von chronischem Energiemangel sind in erster Linie Vernachlässigungen des eigenen Körpers. Dazu zählen u.a. ungesunde Ernährung, Bewegungsmangel, Schlafmangel und Suchtmittelkonsum.

Ein akuter biologischer Konflikt, der plötzlich und unvorhergesehen auftritt, lokalisiert sich meist an einer bestimmten Stelle des Körpers, welche mit dem Thema der Ursache in Verbindung steht. Hier empfiehlt sich die psychosomatische Therapie, um zum Kern des Konfliktes vorzudringen.

Die Definition von Gesundheit

Echte Gesundheit im Sinne eines vitalen, leistungsfähigen Körpers, dem ein lebendiger, neugieriger und wacher Geist innewohnt, hat nichts mit der bloßen Beschwerdefreiheit zu tun.

Wahre Gesundheit bedeutet, einen bewegungsfreudigen und leistungsfähigen Körper zu besitzen, der es unserem lebensbejahenden, kreativen Geist ermöglicht, uns so entfalten zu können, wie wir es uns vorstellen.

Wir brauchen innere Bilder, Ziele und Motivation, diese Visionen wahr werden zu lassen.

Nur ein Mensch, der als Individuum verstanden wird und sich als solches ausdrücken kann, ist ein wahrhaft gesunder Mensch.

Biologisch ausgedrückt ist Gesundheit auch das Freisein von Giften und deren Folgeschäden.

Dies ist die Definition des Optimums, das freilich kaum jemand auf Dauer sein Eigen nennen kann.

Umgekehrt dazu ist niemand vollkommen krank (das würde den Tod bedeuten).

Wir befinden uns eigentlich ständig in der Schwebe und sollten uns – unabhängig von unserem gegenwärtigen Zustand – täglich um das Optimum bemühen.

Krankheit möchte den Menschen ausbalancieren und ist zusätzlich ein Weg zur Entwicklung und Stärkung durch Überwindung verschiedenster Herausforderungen, egal ob Krankheitserreger, Unfall oder psychischer Lebenskrisen.

Diese Tatsache bezeichnete man früher als den „Wert des Leidens".
Das Ergründen der Bedeutung einer Krankheit ist ihr wahrer Sinn und von unschätzbarem Wert für jeden, der sich darauf einlässt.

Echte Heilung ist nur da, wo der Mensch sich als ganzes Wesen gewandelt und wieder zu sich gefunden hat.

Auf neuen Wegen

Aus dem Gleichgewicht – durch Krankheit ins neue Gleichgewicht

Eines der schwierigsten Dinge bei der Rückkehr zum ersehnten Gleichgewicht ist der Verlust des Gefühls für echte Vitalität.

Ein akuter Krankheitszustand ist nur schwer zu ertragen. Passiert in der Akutphase keine Heilung, geht der Körper in einen chronischen Zustand über, der den Alltag erträglicher macht. An diesen suboptimalen Zustand gewöhnt man sich verhältnismäßig schnell. Der Nachteil ist, dass man diese Einschränkung in vielen Fällen bald als „normal" empfindet – mit all seinen Folgen, die sich schleichend einstellen.

Muss der Körper über längere Zeit eine zusätzliche Last tragen, wird er in seinen Mechanismen langsamer. Ähnlich einem Computer, der veraltet ist oder sich Viren, Spams, etc. eingefangen hat. Auch wir selbst werden dadurch lethargisch, depressiv und der tägliche Antrieb, der uns morgens voller Motivation aus dem Bett hüpfen lässt, wird mit der Zeit immer weniger.

Aktive Bewegung, ein sonniges Gemüt mit geistiger Klarheit und kreativem Potential, Energie für Unternehmungen mit Familie und Freunden sorgen für Glücksgefühle (Ausschüttung von Serotonin und Dopamin z.B.).

Können diese „Glücksbringer" aufgrund von chronischem Energiemangel nicht ausgeschüttet werden, sucht man nach Ersatz – beispielsweise durch Süßigkeiten, Einkaufen, Internet, Fernsehen, Suchtgifte.

Eine Sackgasse, in der viele Betroffene einen Großteil ihres Lebens verbringen.

Hier kommt der Begriff „Krankheits-Entwöhnung" ins Spiel
Dabei stehen 3 Dinge an oberster Stelle:

- Die mentale Erkenntnis, dass dieser Zustand nichts mit echter Vitalität zu tun hat
- Die Entgiftung des Körpers
- Die Entgiftung der Seele

Dies kann nur funktionieren, wenn man sich des „Sumpfes" bewusst wird, in den man geraten ist. Alles, was nicht guttut – ob bequem oder nicht – muss aus dem bisherigen Leben verbannt werden. Dazu zählen neben minderwertigen Nahrungsmitteln und ungesundem Lebenswandel auch negative Gedanken und Gefühle. Alles was Auftrieb und Motivation verleiht, sollte hingegen unbedingt gefördert werden.

Grob zusammengefasst enthält eine erfolgreiche „Krankheits-Entwöhnung" 3 wichtige Elemente:

- Ernährungsumstellung
- Entgiftung des Körpers und des Geistes
- Wiederherstellung der Verbindung zu sich selbst

Klingt nach viel Aufwand, nicht wahr? Lohnt sich der Ausstieg aus der Bequemlichkeit denn überhaupt?

Sie benötigen daher ein persönliches Ziel. Was wollten Sie schon immer erreichen? Einen Marathon laufen, einen eigenen Gemüsegarten anlegen, ein Musikinstrument lernen, mehr Erfolg bei der Partnersuche? Was auch immer Ihr Herzenswunsch ist, nehmen Sie ihn zum Anlass, um echte Gesundheit zu erreichen.

Zuerst gilt es, bei jeder Krankheit die individuelle Unordnung festzustellen und danach die Ernährung zu ordnen.

Hindernisse auf dem Weg zur Heilung

Eines der größten Hindernisse auf unserem Weg zur Gesundheit ist das mangelnde Bewusstsein für den direkten Zusammenhang zwischen dem was wir unserem Körper antun (positiv oder negativ) und wie er darauf reagiert.

Was wir trinken, essen, tun, wie lange wir schlafen und mit wem wir Kontakt pflegen, hat direkte Auswirkungen auf unsere Gesundheit.

Um die Tragweite eines optimalen Gesundheitszustandes begreifen zu können, müssen wir uns der Selbstverantwortung unseres Körpers gegenüber bewusst werden. Dieser Geisteszustand entscheidet nämlich über unsere Gesundheit und unser Wohlbefinden.

Um diese Disziplin zu entwickeln, brauchen wir vor allem Ziele, denn ohne diese verzetteln wir uns und erlangen keine echte Veränderung. Letztlich geben wir auf und landen wieder am Anfang. Nur mit dem Unterschied, dass wir zusätzlich frustriert und der Meinung sind, das alles würde ohnehin nichts bringen.

Unsere Ziele müssen mit Bedacht gewählt werden, sie dürfen nicht oberflächlich sein. Es muss etwas sein, das uns innerlich zum Strahlen bringt.

Hat man dieses Gefühl gefunden, kann man sicher sein, etwas entdeckt zu haben, das einen als gesamtes Wesen anspricht. Der Körper kann niemals ins Gleichgewicht kommen, solange Geist und Seele nicht miteinbezogen werden.

*Ändert sich der Zustand der Seele,
so ändert dies zugleich auch
das Aussehen des Körpers und umgekehrt:
ändert sich das Aussehen des Körpers,
so ändert dies zugleich auch den Zustand der Seele.*
ARISTOTELES

Erläuterung einer naturheilkundlichen Behandlung

Allgemein ausgedrückt helfen naturheilkundliche Maßnahmen, das seelisch-körperliche Gleichgewicht auf physikalisch-chemischem Weg wiederherzustellen. Weiters wird der Patient bei seiner Reise zur Selbstfindung unterstützt, um sicherzustellen, dass er seinen Zustand selbst dauerhaft aufrechterhalten kann.

Ihre Aufgabe und die Ihres Therapeuten ist es, die Krankheitsursachen zu finden und zu beseitigen.

Dazu zählen:

- Ernährungsfehler
- Psychischer und sozialer Stress
- Chronische Entzündungen (Herderkrankungen)
- Psychische und soziale Belastungen

Nach Minderung dieser Störfaktoren können die Selbstheilungskräfte in der Regel wieder arbeiten und der Mensch kann sich regenerieren.

In welcher Form und wie schnell der Körper auf eine solche Behandlung reagiert, hängt vorrangig von Alter, Konstitution und persönlicher Krankengeschichte ab.

Besserung ist schön und stärkt die Zuversicht, darf aber nicht mit Heilung verwechselt werden. Sie ist vielmehr ein erstes Anzeichen dafür, dass der eingeschlagene Weg der richtige ist und soll anspornen.

Es ist überaus wichtig, nach ersten Erfolgen nicht nachzulassen, um die beginnende Gesundheit zu stabilisieren. Nur Routine führt zu dauerhafter Entspannung.

Ist nach einiger Zeit ein gewisses Maß an Gewohnheit und Stabilität erreicht, stellt sich langsam ein leichtes und angenehmes Lebensgefühl ein.

Fazit: Gesundheitsprozess statt Gesundheitskonsum

Die Rückkehr zu echter Gesundheit bedeutet einen Bewusstseinswandel, der nicht im Außen stattfinden kann.

Stille kann unangenehm oder sogar angsteinflößend sein. Die Bereitschaft, sich in diese Stille zu begeben und seinen inneren „Dämonen" begegnen zu wollen, um diese anzunehmen, ist die Grundlage jeder positiven Veränderung auf der Suche nach sich selbst.

*Das Wahre und Echte würde leichter
in der Welt Raum gewinnen,
wenn nicht die,
welche unfähig sind, es hervorzubringen,
zugleich verschworen wären,
es nicht aufkommen zu lassen.*
FICHTE

Das „Gelübde" für ein gesundes und selbstbestimmtes Leben

Dieses Versprechen an sich selbst (im Buddhismus „Sajja" genannt) soll die geistige Grundhaltung für einen besseren Lebenswandel stärken.

Es wurde in einem thailändischen Kloster entwickelt, das sich auf Suchtkranke spezialisiert hat und ist ein wichtiges Werkzeug, um durch mehr Spiritualität ins Gleichgewicht zu kommen und es zu erhalten.

Einmal ausgesprochen, werde es mit der Zeit so groß wie ein Baum und man könne in ihm Schutz und Zuflucht finden, selbst wenn ein Tiger in der Nähe herumschleicht.

Es lautet:

Ich habe beschlossen, Ordnung in meinem Leben und in meinem Körper zu schaffen, immer das zu tun, wovon ich weiß oder glaube, dass es mir hilft, gesund zu werden und dass ich mich allem widersetze, was meine Lebenskraft schwächt und mein Leiden unterhält.

Durch das unermüdliche Bestreben, dieses Gelübde einzuhalten, wird die eigene Willenskraft herausgefordert und Schritt für Schritt gestärkt. Oft kommt im Laufe dieser inneren Stärkung der Lebenssinn zum Vorschein, den man bis zu diesem Zeitpunkt noch nicht erkennen bzw. verwirklichen konnte. Es entsteht in etwa eine innere Führung, ein Gespür für richtig und falsch.

Wer es wirklich ernst mit sich meint, wird auch diese Worte ernst nehmen, bevor er sie ausspricht. Es ist wichtig, diesen Schritt erst zu machen, wenn man dazu bereit ist.

Gehen Sie immer wieder in sich, spüren Sie in sich hinein und sprechen Sie das Gelübde erst aus, wenn Sie ein Gefühl der inneren Bejahung wahrnehmen.

Wenn es soweit ist,
gehen Sie in die Stille,
weihen Sie sich diesem Schwur bedingungslos,
mit aufrichtigem Herzen und tiefem Vertrauen,
gleich wie Sie der Liebe Ihres Lebens die
Treue schwören würden.

Dann öffnet sich das Tor zur wahren Geistheilung

Doch auch hier finden die wenigsten den Weg, der sich – wie schon die Bibel sagt – im „stillen Kämmerlein" vollzieht. Dieser Weg der Selbstfindung ist für jeden anders, denn tausendfältige Feinheiten der seelenpersönlichen Regungen weben in jedem Menschen ein „anderes" Bild von dieser Welt.

Spirituelle Heilung geschieht dort, wo ein wahrhafter Lehrer das eigene Denken des Menschen anregt, ihm lediglich Schlüssel in die Hand gibt, mit denen er die Pforten der Erkenntnis in seinem Inneren aufschließen kann und dadurch fähig wird, die trügerischen Erscheinungen dieser Welt zu durchleuchten, sich selbst zu erleuchten und somit seinen eigenen tiefpersönlichen Weg erkennt.

Wahre Geistheilung im Sinne des Wortes wäre, wenn der Kranke durch einen wahren Heiler innerlich aufgebaut und angeregt würde, seine eigenen Gedanken zu ordnen und damit seine Kräfte innerlich zu sammeln, auf dass die Krankheit in ihm schwächer werde und er selbst erstarke. Denn wenn man nichts ändert, dann ändert sich nichts.

Gesunder Lebensstil im 21. Jahrhundert

Ernährungsbedingte Zivilisationskrankheiten

oder

„Vitalstoff-Mangelkrankheiten"

(nach Dr. M. O. Bruker)

Darunter fallen **chronischer Mangel an Vitaminen, Aromastoffen, Eigenfermenten, Zellerneuerungsstoffen (Auxonen), Mineralstoffen und Spurenelementen, Enzymen und verschiedenen Biostoffen wie Polyphenole und Polyanione.**

Sie werden als „konstitutionelle Krankheiten" bezeichnet, die zu ihrer Entstehung mehrere Jahrzehnte benötigen.

Oft stellt sich die Frage: Wird man durch die Ausschaltung der Krankheitsursachen (Ernährungsumstellung und Änderung der Lebensweise) zum Außenseiter mit frustrierender Beziehung zu den Mitmenschen?

Das muss nicht zwangsläufig so sein, vielmehr **kann die Befreiung von einer chronischen, als unheilbar angesehenen Krankheit zu einer Befreiung der Persönlichkeit im geistigen Bereich führen, die nicht mehr das Weltbild anderer als Maßstab nimmt.** Neue, vorher ungeahnte Aufgaben erscheinen. Unterstützung durch rechtzeitige Lebensberatung ist häufig notwendig.

Zu den ernährungsbedingten Zivilisationskrankheiten zählen:

- Gebissverfall (Zahnkaries, Parodontose, Zahnfehlstellungen)

- Erkrankungen des Bewegungsapparates (Rheuma, Arthrose, Arthritis, Wirbelsäulen- und Bandscheibenschäden, Osteoporose)

- Stoffwechselerkrankungen (Fettsucht, Zuckerkrankheit, Leberschäden, Gallen- und Nierensteine, Gicht)

- Erkrankungen der Verdauungsorgane (Stuhlverstopfung, Leber-, Gallenblasen-, Bauchspeicheldrüsen-, Dünn- und Dickdarmerkrankungen, Verdauungs- und Fermentstörungen)

- Gefäßerkrankungen (Herzinfarkt, Schlaganfall, Thrombosen, Embolien)

- Mangelnde Infektabwehr (wiederkehrende Katarrhe und Entzündungen der Luftwege, Erkältungen, Nierenbecken- und Blasenentzündung)

- Manche organische Erkrankungen des Nervensystems (Multiple Sklerose)

- Beteiligung an der Entstehung von Krebs

- Allergien

Quelle:
„Unsere Nahrung – unser Schicksal", Dr. M. O. Bruker
emu Verlag

Die zeitlosen Grundpfeiler der Ernährungslehre

Diese gehen zurück bis ins alte Griechenland und Ägypten und wurden vom Ernährungsforscher Dr. Werner Kollath neu aufgestellt und wissenschaftlich ausgearbeitet. Der Arzt und Ganzheitsmediziner Dr. Max Otto Bruker hat diese dann in einfachen Formeln dargestellt.

Ersterer hat in seinem Buch „Die Ordnung unserer Nahrung" eine Tabelle erstellt, die einen perfekten Überblick über die biologische Wertigkeit der verschiedenen Lebens- und Nahrungsmittel gibt. Durch zahlreiche Tierfütterungsversuche und biologische Forschung erkannte er die Wichtigkeit von „lebendigen" Nahrungsmitteln in der täglichen Ernährung, um einen chronischen Nährschaden zu vermeiden.

Unerhitzte Lebensmittel gelten dabei als noch lebendig und sind für die Gesunderhaltung unentbehrlich. Auf der anderen Seite stehen die „toten" Nahrungsmittel, welche erhitzt, konserviert und präpariert sind. Zu den „Präparaten" zählen die meisten Produkte, die unter dem Titel „VEGAN" in den Verkaufsregalen stehen.

Zum besseren Verständnis von Nahrungspräparaten – man könnte sie auch als „**Nahrung vornehmlich aus dem Chemielabor**" bezeichnen, empfehle ich die ZDF-Sendereihe mit **Sebastian Hege „ZDF-besseresser" auf YouTub**e oder in der ZDFmediathek.

Allgemeine Ernährungsgrundlagen, um den Körper gesund zu halten nach Dr. M. O. Bruker

Empfehlenswerte Produkte:

- **Vollkornprodukte**
- **Frischkornbrei nach Dr. Bruker**
- **Rohkost** - etwa 1/3 der täglichen Ernährung
- **Proteinquellen tierisch:** Maßvoller Verzehr von Fleisch aus biologischer Haltung von Huhn, Pute, Rind, Schwein, Fisch
- **Proteinquellen pflanzlich:** Hülsenfrüchte, Sprossen, Nüsse, Chiasamen, Quinoa, Hirse, Amaranth
- **Native Öle mit verschiedenen Fettsäuremustern** (z.B. Leinöl, Kokosöl, Olivenöl, Avocadoöl, fetter Fisch)
- **Frisches grünes/buntes Gemüse und rote/blaue Früchte**

  - **Grünes** wirkt v.a. stoffwechselaktivierend und entgiftend
  - **Rotes/Blaues** wirkt vorrangig antioxidativ, leberstärkend, immunmodulierend und bindegewebsstärkend. Weiters wirken die sogenannten Anthozyane entzündungshemmend, da sie Hormone wie Histamin und Prostaglandin senken. Die Zellatmung wird gefördert und das Wachstum von Krebszellen gehemmt.

Empfohlene Menge an Mahlzeiten: 1 Hauptmahlzeit und 2 vegetarische Nebenmahlzeiten (Früchte, Salat, Gemüsesnacks)

Trotz „Body-Mass-Index" gilt immer noch der Maßstab: **Körpergröße in cm minus 100 = Normalgewicht,** um das Körpergewicht unter Kontrolle zu halten.

<u>Merke: So viel essen wie notwendig, aber so wenig wie möglich.</u>

Neben der biologischen Wertigkeit der Lebensmittel spielen auch Vitalstoffe eine wichtige Rolle.

Dazu zählen:

- Wasser-/Fettlösliche Vitamine
- Mineralstoffe/Spurenelemente
- Enzyme
- Ungesättigte Fettsäuren
- Faserstoffe (Ballaststoffe)
- Polyphenole (Antioxidantien)
- Ätherische Öle

Trinken

Zur Gesunderhaltung ist ausreichendes Trinken natürlich ebenso wichtig wie das Essen.

Hierbei sollte weniger auf das Durstgefühl vertraut werden, sondern über den Tag verteilt hauptsächlich eher mineralstoffarmes Wasser in kleinen Mengen getrunken werden. Große Mengen laufen ungenutzt durch den Körper und belasten eher das Herz-Kreislaufsystem.

Als Faustregel gilt: Pro Kilogramm Körpergewicht etwa 30ml Flüssigkeit berechnen, um auf einen guten Durchschnittswert zu kommen. Bei hohen Temperaturen und/oder körperlicher Betätigung entsprechend mehr.

Produkte, deren Verzehr eingeschränkt oder auf die gänzlich verzichtet werden sollte:

1. **Produkte aus Auszugsmehl** (Weißmehlprodukte)
2. **Produkte aus Fabrikzucker** (auch brauner Zucker, Melasse, Sirupe, etc.)
   - **Aufputschmittel:** Energy-Drinks, Limonaden (auch mit Kunstzucker-Variante) und Kaffee bringen den individuellen Bio-Rhythmus durcheinander und führen zu Reizbarkeit und Unruhe. Kaffee sollte nachmittags nicht mehr konsumiert werden.
3. **Produkte, die raffinierte Fette enthalten**
4. **Obst- und Gemüsesäfte** für magen-, darm-, leber-, galleempfindliche Menschen
5. **Bei Sensibilität auf**
   - **Milch und Milchprodukte** vor allem Menschen mit Allergien und Immunstörungen sollten auf Pflanzenmilch zurückgreifen
   - **Glutenhaltige Lebensmittel** (vorrangig Brot und Nudeln) können an entzündlichen Vorgängen im Verdauungstrakt beteiligt sein, alternativ können Quinoa, Amaranth, Hirse, Buchweizen oder glutenfreie Teigwaren verzehrt werden

Frischkorngericht nach Dr. Bruker – Das Herzstück einer vitalstoffreichen Vollwertkost

Rezept für eine Person:

- 2-3 EL Weizen, Roggen oder eine Getreidemischung
- 1 fein geriebener Apfel
- evtl. Obst nach Saison
- 1 EL Zitronensaft
- 1 EL geschl. Schlagobers
- geriebene Nüsse

Das Getreide wird in einer Getreidemühle, einem Mixapparat oder einer Kaffeemühle grob geschrotet.

Das Schroten muss **jedes Mal frisch** vor der Zubereitung erfolgen, damit wertvolle Stoffe durch langes Lagern nicht verloren gehen.

Das geschrotete Getreide wird mit ungekochtem, kaltem Leitungswasser zu einem Brei verrührt und 5-12 Stunden bei Zimmertemperatur stehen gelassen. Die Wassermenge wird so berechnet, dass nach der Quellung kein Wasser mehr übrig ist. Frisches Obst, Zitronensaft, Schlagobers und Nüsse (Nussmus) hinzufügen.

Den geriebenen Apfel zügig untermischen, bevor er braun wird. Dadurch wird der Frischkornbrei besonders luftig und wohlschmeckend.

Es ist ohne Belang, zu welcher Tageszeit der Brei gegessen wird.

Es gibt keine vitalstoffreiche Vollwertkost ohne Frischkorngericht!

Dazu ergänzend die Öl-Eiweiß-Kost nach Johanna Budwig

Die Theorie dieser Kostform: Die Verwendung von Sauerstoff im Organismus kann durch Proteinverbindungen, die einen Schwefelsäureanteil haben und Öle wasserlöslich machen, stimuliert werden. Für die richtige Oxidation werden auch Fermente der Zellatmung benötigt, die in sehr enger Verbindung mit ungesättigten Fettsäuren stehen. Es ist essenziell wichtig, dass nur unverarbeitete, kalt gepresste Öle mit einem hohen Linol-Säurewert verwendet werden, wie z.B. Leinöl. Solche Öle sollten gemeinsam mit Nahrungsmitteln konsumiert werden, die die richtigen Proteine (Sulfhydryl-Gruppen) haben, da das Öl ansonsten die UMGEKEHRTE WIRKUNG hat und mehr Schaden anrichtet als Gutes tut.

Basis-Rezepte

Linomel-Müsli zum Frühstück

Zutaten: 1 Teelöffel Honig, 3 EL rohe Milch, 3 EL Leinöl (oder 1-2 Teelöffel Vitalöl), 100 g Magertopfen, 2 EL Linomel, Früchte, Fruchtsäfte und Nüsse nach Geschmack

Topfen-Leinöl-Creme: Leinöl, Topfen und Honig in einen Mixer geben und während des Mixens Milch hinzufügen, bis eine puddingartige Konsistenz entsteht. Die Masse ist geschmacksneutral und sollte kein überschüssiges Öl aufweisen.

2 EL Linomel mit Obst beschichten, beginnend mit einem geriebenen Apfel. Darüber die Topfen-Leinöl-Creme schichten und mit Vanille, Zimt oder Gewürznelkenpulver abschmecken.

Herstellung des Oleolux-Fettes

Zunächst werden 125 ccm Leinöl im Kühlschrank kaltgestellt. Dazu benutzt man am besten eine Schüssel aus Jenaer Glas. Nun erhitzt man 250 ccm Kokosfett zusammen mit einer mittelgroßen Zwiebel, die in 4 Teile geschnitten wurde, bis zur beginnenden Bräunung der Zwiebel. Nach dem Hinzufügen von ca. 10 Knoblauchzehen erhitzt man weiter, bis auch diese beginnen, sich hellbraun zu färben. Nun gießt man das heiße Fett durch ein Sieb in das erkaltete Leinöl (Vorsicht – nicht umgekehrt!). Am besten stellt man die Glasschüssel auf ein Tuch. Die Masse umrühren und sofort wieder ins Kühlfach stellen. Nach vollständiger Erkaltung kann das Oleolux-Fett im Kühlschrank aufgehoben werden.

Es eignet sich pur oder mit getrockneten Kräutern und Gewürzen hervorragend als gesunder Brotaufstrich oder zur Geschmacksverfeinerung über heiße Nudeln, Kartoffeln oder Reis.

*Es ist besser,
den Ölmann regelmäßig zu bezahlen,
als große Summen an den Arzt abzuliefern"*
SÜD-INDISCHES SPRICHWORT

Tipps für einen gesunden Lebenswandel

- **Techniken zum Stressabbau**
  Legen Sie sich für 10-15 min. auf den Rücken und atmen Sie ruhig durch den Bauch. Dies beugt stressbedingten Verspannungen vor (unbewusstes Schulterhochziehen).
- **Meditation und Massagen** senken nachweislich Adrenalin und Cortisol. Steht für eine Massage niemand zu Verfügung, tut es auch ein elektronisches Gerät, vorzugsweise mit Infrarotwirkung.
- **Ein warmes Bad** mit einer 1:1 Mischung aus Bittersalz und Natrium Bicarbonat entsäuert das Gewebe und entspannt.
- **Halten Sie Ihr Training unter 1 Stunde (45 min. wären optimal)**
  Ab einer Stunde Training fällt der Testosteronspiegel und der Cortisolspiegel steigt. Um den Cortisolspiegel zu senken, genügen bereits 30 min. Das steigert das Immunsystem und gibt neue Energie. Um das Hormonsystem nicht zu überfordern und den Muskeln Zeit für ihr Wachstum zu geben, pausieren Sie jeden zweiten bis dritten Tag. Muskeln wachsen nämlich nicht während des Trainings, sondern in den Ruhephasen dazwischen. Bei der Wahl der Sportart hören Sie auf Ihren Körper und tun Sie, was Ihnen Spaß macht und wobei Sie sich wohl fühlen.
- **Gehen Sie vor 22:30 ins Bett**
  Für einen erholsamen Schlaf sollte abendliches Fernsehen/Internetbenutzung vermieden werden. Das Handy sollte aus dem Schlafzimmer verbannt und das Zimmer an sich möglichst dunkel gehalten werden. Cortisol verringert sich automatisch bei Dunkelheit,

gleichzeitig steigt Melatonin und trägt so zu einem gesunden Schlaf bei.
- **Behalten Sie Ihren Säure-Basen-Haushalt im Auge**
Der pH-Wert des Morgenurins sollte zwischen 6.2 und 6.8 liegen. Wenn Sie bereits Basenpulver nehmen, sollte er zwischen 7.2 und 7.4 liegen.

Basenpulver (am besten Bullrichs Magentabletten) sollte immer abends eingenommen werden. Ist der pH-Wert am nächsten Morgen unter 6, ist dies ein Anzeichen dafür, dass der Körper nicht genügend Basenspeicher zur Verfügung hat.

In der Regel sind 4-6 Tabletten ausreichend, um einen Erfolg zu erzielen.

Weiters gilt es, die sogenannten **Säurebildner** zu reduzieren. Dazu zählen v.a.:
- Stress/Bewegungsmangel
- Fleisch/Fisch/Eier
- Milch/Milchprodukte
- Zucker
- Brot/Nudeln
- Zigaretten
- Alkohol

Bevor Sie bei all den Vorschriften nun in Frustration verfallen, bedenken Sie bitte Folgendes:

Gesundheit ist nichts Statisches, sondern vielmehr eine Zone, in der man sich bewegt. Gerät man außerhalb dieses Bereiches, stellen sich Mechanismen ein, die uns wieder zurück in die „Gesundheitszone" drängen wollen.

In der alten Naturheilkunde kannte man nur zwei Krankheitsursachen – Mangel- oder Stauungszustände. Dies trifft auch heutzutage noch häufig zu.

Durch einen individuell richtigen Lebenswandel bleiben wir buchstäblich in unserer Komfortzone.

*Da flehen die Menschen die Götter (Ärzte) an
um Gesundheit
und wissen nicht,
dass sie die Macht darüber selbst besitzen.
Durch ihre Unmäßigkeit
arbeiten sie ihr entgegen
und werden so selbst
durch ihre Begierden zu Verrätern
an ihrer Gesundheit.
DEMOKRIT, griechischer Philosoph 400 v.Chr.*

Die Pflege der Darmflora

Oder die Kunst, das Gleichgewicht zu halten

Der Durchschnittsmensch kann ziemlich alles essen, ohne sich dabei unwohl zu fühlen. Dennoch sind wir entwicklungsgeschichtlich eher auf Früchte, Gemüse, Körner und Samen programmiert. Dies fördert ein Milieu der Bifidobakterien, Laktobazillen und Kolibakterien, mit denen wir in Symbiose leben. Je nach Ernährungsgewohnheiten vermehren sich bestimmte Bakterienstämme stärker, andere werden eher zurückgedrängt:

- Fleisch fördert Kolibakterien
- Kohlenhydrate fördern Enterobakterien

Das E. Coli-Bakterium, welches v.a. im Dickdarm vorkommt, kann je nach Ernährung als Säurebildner (Gärung) oder als Basenbildner (Fäulnis) auftreten.

Für die Gesunderhaltung des Körpers ist ein anaerobes Milieu von großer Bedeutung. Dieses ist wiederum stark abhängig von der Art der Ernährung.

Vor allem <u>Frischkost und milchsaure Ernährung</u> fördern die Anaerobiose und zeigen sich im **hellgelben Stuhl**.

<u>Zu viel Kochkost</u> hingegen schwächt das Milieu und bewirkt eine aerobe Fäulnisflora, die sich im **dunkelbraunen Stuhl** zeigt.

Killer der Darmflora:

- Spritzmittel, Insektizide, Pestizide
- Konservierungsmittel/Aromastoffe
- Konventionelle Zahnpasten
- Gechlortes Wasser
- Starke Medikamente
- Chronische Zahnherde

Zur sogenannten Symbioselenkung empfehlenswert:

- Gesunde Ernährung
- Osmosewasser
- Vermeidung der erwähnten Störfaktoren
- Ausreichende Magnesiumversorgung bewirkt regelmäßigen Stuhlgang

Darmsanierung – ein weites Feld

Das wohl bekannteste Zitat in Sachen Darmgesundheit stammt von Dr. F. X. Mayr und lautet: „Der Tod sitzt im Darm." Abgesehen davon steht der Darm mit einer Unzahl anderer Störungen in Zusammenhang, die zwar nicht direkt zum Tod führen, die Gesundheit aber massiv beeinträchtigen.

Die in den 30er Jahren wirkenden Krebsforscher/Autoren Freund und Kaminer konnten den Zusammenhang zwischen Krebs und Darm nachweisen, jedoch gingen die meisten ihrer Arbeiten leider im 2. Weltkrieg verloren.

Der Darm steht sehr eng mit den ihn umgebenden Organen in Kontakt. Für eine effektive Darmsanierung muss die Funktion von Leber, Galle und Bauchspeicheldrüse sichergestellt werden.

Für eine effektive und langfristige Darmsanierung ist Folgendes zu beachten:

- Besiedelung des Dick-/Dünndarms mit ihrer physiologischen Darmflora
- Aktivierung der Darmlymphknoten (Peyer'sche Plaques)
- Wiederherstellung einer gesunden Darmschleimhaut
- Vermeidung von sogenannten „Reizstoffen", v.a. bei Unverträglichkeiten
- Harmonisierung des enterologischen Nervensystems („nervöser Darm")

Entgiftung

Die Lehre von den Giften (Homotoxikologie) ist so alt wie die Menschheit selbst.

Schon in grauer Vorzeit bestand das Bedürfnis im Menschen, sich bei Bedarf von Belastendem zu befreien, um beispielsweise nach einer Krankheit schneller regenerieren zu können. Es gilt der Grundsatz:

> **Alle Gifte stören die Selbstheilungskräfte und hemmen die Energiebildung.**

Der wissenschaftliche Begriff dafür ist **Dyskrasie, Toxämie** oder „**Schlacken**".

Uralte Methoden wie Kräuterheilkunde, Einläufe, Aderlass, Blutegel, Schröpfen, Fasten, blasenziehende Pflaster, Schwitzkuren, Brechkuren, etc. zeugen von der enormen Wichtigkeit dieser Behandlungen.

Bekannte Koryphäen dieser Zeit waren u.a. Hippokrates, Galen, Paracelsus, Dr. Hufeland, Pfarrer Kneipp, der Lehmpastor Felke, der Homotoxikologe Dr. Reckeweg.

Sie alle sahen die Hauptursache von Krankheiten in der chronischen Belastung durch Giftstoffe.

Mit Entwicklung der modernen Schulmedizin gerieten diese Methoden immer mehr in den Hintergrund bzw. wurden als unwissenschaftlich und überholt bezeichnet. Da diese Methoden zwar effektiv, aber nicht sonderlich angenehm in der Anwendung sind, fand die Medizin mit ihren einfach zu schluckenden Tabletten großen Anklang. (Jeder, der schon einmal einen Einlauf oder eine Brechkur gemacht hat, wird dem beipflichten.)

In der **schulmedizinischen Wissenschaft** werden Gifte als **Toxine** bezeichnet, die in nachweislich hohen Mengen im Körper vorhanden sein müssen, um behandelt zu werden.

In der **naturheilkundlichen Wissenschaft** werden **Homotoxine** (Gifte, die im Körper selbst entstehen) deutlich häufiger beobachtet und haben daher therapeutisch mehr Gewicht.

Gifte bedeuten für den Körper Stress. Stoffwechselbedingter (metabolischer) Stress kann durch folgende Varianten erzeugt werden:

- Verschiedene Giftstoffe in sehr niedriger Konzentration, die miteinander synergieren und daher die unterschiedlichsten Störungen hervorrufen können

- Giftstoffansammlungen im Körper durch chronische Entzündungsherde, z.B. Zähne

- Kombination aus den beiden genannten Punkten

Dieser Stress kann sich, je nach individuellem Zustand, auf verschiedenste Funktionskreise auswirken und die Selbstheilungskräfte blockieren.

Grundsätzlich gilt es, zuerst die Herkunft der Gifte zu unterscheiden

- exogen - Umweltgifte, von außen kommend
- endogen - Stoffwechselgifte, im Körper entstehend

Zu den exogenen Giften, die wir heute kennen, zählen: Schwermetalle, Aluminium, Amalgam, industrielle Lösungsmittel, Insektizide/Pestizide, Kunstdünger, Fluor, Abgase, Rückstände von Hormonen (Pille) und Medikamenten im Wasser, etc. Im Grunde sind wir von diesen Giften umgeben. Ob wir davon ernsthaft krank werden, hängt oftmals von der Konstitution des Menschen und der Höhe der Konzentration ab.

Unterscheidung von endogenen Giften:

Darmgifte: Durch ein gestörtes Darmmilieu (Fehlbesiedelung, Darmträgheit) entstehen Gärgase, die sogenannte Fuselalkohole (Indol, Scatol, Phenolverbindungen) verursachen können. Diese wiederum belasten neben den umliegenden Organen v.a. die Leber, die diese Alkohole abbauen muss.

Bei Verstopfung kommt es ebenfalls zu Gasen, die den Körper langfristig sehr belasten.

Störfelder: Als Störfelder bezeichnet man v.a. Entzündungsherde im Bereich des Gesichtes. Darunter fallen chronisch entzündete Zähne, Nasennebenhöhlen und Mandeln. Sie können jedoch auch in anderen Bereichen des Körpers auftreten.

Entgiftungsstörungen: Schwächezustände bei der Ausscheidung von Stoffwechselgiften betreffen Menschen mit empfindlicher Konstitution (mangelnde Widerstandskraft, Neigung zu Unverträglichkeiten, etc.), Vorbelastung der Entgiftungsorgane (Darm, Leber, Niere, Haut) oder Mangel an Vitalstoffen wie Vitaminen, Spurenelementen oder Glutathion.

Stoffwechselstörungen: U.a. oxidativer oder nitrosativer Stress

Darmgifte und ihre Folgen

Dr. F. X. Mayr machte bereits vor 100 Jahren durch seine Forschung enorme Entdeckungen in Sachen Gesundheit durch einen gesunden Darm, die erst heute zunehmend wissenschaftlich fundiert werden können.

Um die Tragweite von Störungen durch Darmgifte deutlich zu machen, folgt eine kurze Zusammenfassung der Symptome, die mit dieser Problematik in Zusammenhang stehen.

Psyche: Unerklärbare Müdigkeit/Antriebslosigkeit, Melancholie, Angstzustände, Stimmungsschwankungen mit stark emotionaler Komponente wie spontanes Weinen oder grundloser Zorn

Nerven: Migräne, gesteigertes Schlafbedürfnis/Schlafstörungen, allgemeine Lustlosigkeit, Muskelkrämpfe, Schwindel

Darm: Blähungen, Unverträglichkeiten, Verstopfung/träge Verdauung

Leber: Schwellung, Fettleber, Gallensteine, nicht infektiöse chronische Entzündung

Haut/Schleimhäute: Unreine Haut, Ekzeme ohne/mit Ausscheidung von Sekreten, Neigung zu Zahnfleischentzündungen, Fisteln, etc.

Allgemeine Schmerzempfindlichkeit, **Immunschwäche,** Allergien, Nahrungsmittelunverträglichkeiten, etc.

> Fazit: Entgiftung ist nicht alles, aber ohne Entgiftung ist alles nichts!

Die Entgiftung – von der Theorie zur Praxis

Vorbereitung

Nachdem wir uns nun ein gewisses Grundwissen über Symptomatik und Indikation erarbeitet haben, wollen wir im nächsten Kapitel zur Praxis übergehen.

Eine Entgiftung oder „Blut- und Säftereinigung" wie sie in der traditionellen Naturheilkunde genannt wurde, ist anstrengend. Daher muss zunächst sichergestellt werden, dass die Entgiftungsorgane in Ordnung sind und beim Ausleitungsverfahren nicht schlapp machen. Ansonsten könnte es zu einem Rückstau bzw. einer Rückvergiftung (laut Dr. Reckeweg) kommen, die den Verlauf beeinträchtigt. Eine Entgiftung oder auch „retoxische Imprägnierung" ist für den Körper nicht ganz ungefährlich, weshalb die Vorbereitung für eine erfolgreiche Ausleitung entscheidend ist.

Die Entgiftungsorgane

Unser wichtigstes Organ zur Entgiftung ist die Leber. Sie bewältigt die Ausscheidung sogenannter Homotoxine in einem zweiphasigen Arbeitsprozess, bei dem giftige Substanzen in ungiftige umgewandelt werden. Die Leber fängt den Großteil der alltäglichen Schadstoffe wie Zucker, Medikamente, Kaffee, Nikotin, Alkohol, E-Stoffe, negative Emotionen wie Wut oder Ärger ab. Selten ist es die Menge, die eine Überforderung erwirkt, sondern vielmehr die Summe des Ganzen. Hier ein Stück Kuchen, da ein Streit mit dem Partner, Stress im Büro, am Wochenende ein deftiges Familienessen oder eine feucht-fröhliche Party mit wenig Schlaf. Kurzum: Entgiftung ist für unseren Körper ein 24-Stunden-Job.

Der Krampf mit der Leber

Die Leber ist ein enorm widerstandsfähiges und ausdauerndes Organ, das wir nur in extremen Notfällen spüren können. Da sie keinen Schmerz aussendet, bemerken wir ihren Zustand meist sehr spät – entweder durch bildgebende Verfahren wie Ultraschall, wenn sie bereits vergrößert ist oder wenn sie auf umliegende Organe drückt und diese Schmerzen aussenden.

Wie erkennt man ein Leberproblem im Vorfeld?

Das Naheliegendste wäre eine Ermittlung des Gamma-GT Wertes im Blut. Dazu muss man wissen, dass sich die Normwerte in den letzten 20 Jahren stark verändert haben. Früher lag der Grenzwert bei 18U/l. Selbst leichte Überschreitungen wurden bereits als chronische Leberbelastung betrachtet. Heutzutage liegt der Grenzwert zwischen 35-71U/l. Aus diesem Grund ist eine Laboranalyse nur bedingt zu empfehlen.

Müdigkeit ist der Schmerz der Leber

Dieser Satz ist einer der wichtigsten in der gesamten Naturheilkunde. Denn Müdigkeit, depressive Verstimmungen und Kopfschmerzen gehören oftmals zu den Hauptsymptomen einer überforderten Leber.

Stress ist pures Gift für die Leber, denn bei Stress verkrampfen sich die Leber-Gallengänge und ein gestörter Fluss der Körpersäfte stört die Entgiftung. So konnte in einer deutschen Universität an Versuchstieren nachgewiesen werden, dass allein chronischer Stress zu chronischer Leberentzündung, wie sie z.B. auch bei einer Fettleber auftritt, führen kann.

Auch erhöhter Cholesterinspiegel und Blutdruck, unerklärliche Verspannungen, Arthritis/Arthrosen, Immunschwächen, Nervenschmerzen, etc. können nach einer Leber-/Darmsanierung deutlich besser werden oder gänzlich verschwinden.

Die 3 Phasen des biologischen Entgiftungsprozesses

Phase 1:

Durch Fasten/Abnehmen, Homöopathika und Schwermetall-Ausleitungen kommt es zu einer Gift-Aktivierung des Gewebes. Das bedeutet, dass der Körper seine „Mülldepots" entleert, sobald er die Gelegenheit dazu bekommt. Durch naturheilkundliche Unterstützung kann der Körper seine Arbeit noch effizienter ausführen. Die Substanzen werden durch chemische Umwandlung „giftiger" als sie ursprünglich waren. Da dieser Vorgang für den Körper, allen voran für die Leber, sehr anstrengend ist, wird diese als die schwierigste Phase betrachtet. Die Leber muss von Phase 1 reibungslos in Phase 2 übergehen können. Ist dies nicht möglich, kann es zum bereits erwähnten „toxischen Rückstau" kommen.

Phase 2:

Nach dem Freiwerden aus dem Gewebe werden die Gifte so umgewandelt und gebunden, dass sie ausgeschieden werden können.

Phase 3:

Die Leber produziert vermehrt Gallenflüssigkeit, was mit pflanzlichen Stoffen unterstützt werden kann. Über diese werden die belastenden Substanzen in den Darm befördert und ausgeschieden. Diese Ausscheidungsphase kann gleichzeitig als Erholungsphase angesehen werden, die möglichst stressfrei gestaltet werden sollte. Starker Stress kann dabei über eine vegetative Rückkopplung zu einer Störung bzw. einem abrupten

Abbruch der Entgiftungsvorgänge führen. Einem erhöhten Schlaf- und Ruhebedürfnis sollte hier unbedingt nachgekommen werden.

Die Organe und was sie brauchen:

- Leber – Entspannung
- Darm – richtige Ernährung
- Nieren – viel Trinken
- Lunge – Sport, möglichst in der frischen Luft
- Haut – Schwitzen, aktiv & passiv
- Schleimhäute/Lymphe – Durchblutung und Bewegung

Den Entgiftungsprozess unterstützen

Wie können wir den Körper bei seinen Bemühungen am besten unterstützen?

Entgiftung verbraucht viel Energie. Daher ist es wichtig, den richtigen Nachschub zu liefern.

Schwefelverbindungen erleichtern die Ausscheidung von Schwermetallen und Umweltgiften. Sie sind in Kreuzblütlern wie Brokkoli, Knoblauch und Zwiebeln enthalten.

Selen ist unerlässlich für die Sauerstoffversorgung der Zellen, als Antioxidanz und zur Immunstärkung. Es ist vermehrt in Pilzen, Linsen, fettem Fisch und Paranüssen enthalten.

Zusammenfassung – die wichtigsten Punkte der Entgiftung

- Sauerstoff zur Energiegewinnung
- Darmmobilität zur optimalen Ausscheidung
- Faserstoffe zur Bindung von Giften
- Selen zur Bindung freier Radikale
- Schwefelhaltige Eiweißverbindungen zur Ausscheidung von Chemikalien
-

Störfaktoren bei der Entgiftung

Wenn trotz aller Bemühungen die Ausscheidung nicht so recht in Gang kommen will, nur sehr schleppend vorangeht oder immer wieder ins Stocken gerät, sind folgende Punkte abzuklären:

- **Stress**
  Die Entgiftung kann nur im sogenannten vagotonen Zustand funktionieren. Das bedeutet, dass das vegetative Nervensystem entspannt sein sollte. Der Vagotonus (Parasympathikus) stellt sich v.a. in den Abend- und Nachtstunden ein. Das bedeutet wiederum, dass wir am besten entgiften können, wenn wir schlafen oder ruhen. Hektik und Aufregung (Sympathikotonus) bremsen die Entgiftung und blockieren die Verdauung.
- **Zu wenig Trinken**
  Unser Körper benötigt für alle seine Funktionen Flüssigkeit, egal ob Denken, Verdauung oder Bewegung. Zu wenig Wasser führt auf Dauer zu Stress und Stauungen der Körpersäfte.
- **Übermäßig tierisches Eiweiß**
  in der Ernährung führt zur Verschleimung der Lymphe und zu allgemeiner „Verschlackung" des Verdauungstraktes.
- **Völlige Eiweißkarenz** (Veganer)
  Ohne die wichtigen Schwefelverbindungen kann der Körper keine oder nur ungenügend Entgiftungsenzyme produzieren.

Der Entgiftungs-Rhythmus

Wenn nun alle Voraussetzungen für eine erfolgreiche Entgiftung gegeben sind und die ersten Anwendungen gestartet wurden, passiert erst einmal nichts. Oftmals dauert es einige Tage, manchmal sogar Wochen, bis sich eine Reaktion im Körper zeigt. Wenn es dann soweit ist, könnte diese Reaktion nicht unbedingt angenehm ausfallen.

Die erste Entgiftungsreaktion (Erstverschlimmerung) ist mit einer Entzündungsreaktion vergleichbar.

Kopfschmerzen, Übelkeit, Gelenkschmerzen, übelriechende Ausscheidungen, Appetitlosigkeit, etc. können individuell auftreten.

Davor darf man nur nicht zurückschrecken, sondern es als etwas Positives betrachten.

Der Körper kann nur durch einen Rückweg, den umgekehrten Weg, wieder zur Gesundheit finden. Das heißt, übergangene Missstände aus der Vergangenheit müssen erst aufgearbeitet werden, um sich von ihnen befreien zu können. Nur so kann ein Milieu der Gesundheit geschaffen werden.

Dieser Prozess ist immer wieder mit Phasen der Müdigkeit und Erschöpfung verbunden, die unbedingt respektiert werden sollten. Ruhe und Schlaf gehören zu den allerwichtigsten Mitteln, um den Körper zu unterstützen.

Entgiftet der Körper, entgiften auch Geist und Seele. Die Ernüchterung bewirkt oft eine gleichzeitige „Entnebelung" der Sinne. Lang verschüttete Gedanken, Gefühle, Wünsche oder

Ideen können zum Vorschein kommen. Auch dieser Entwicklung sollte so viel Raum wie möglich gewährt werden.

All dies geschieht langfristig betrachtet in Rhythmen. An gewissen Tagen steht das eine, an anderen Tagen das andere im Vordergrund. Manchmal sind es stürmische Wellen, dann wieder nur ein kleines Kräuseln.

So entsteht nach und nach ein gesundes Bewusstsein für die Bedürfnisse des Körpers. Man wird sensibler und reagiert schneller und konsequenter, wenn sich der Körper „meldet".

Eine alte Weisheit besagt:

Man kann sich aus zwei Gründen wohlfühlen: Entweder weil man in schlechtem Zustand nichts mehr fühlen kann oder weil man wahrlich mit seinem Körper in Einklang ist.

Ablauf der „Reaktionsphase"

Der naturwissenschaftlich arbeitende Humanmediziner Dr. Max Gerson beobachtete bei seinen Patienten folgende Rhythmen bei körperlichen Reaktionen:

Bei leichten Fällen zeigten sich die Reaktionen im Normalfall nach 3-6 Tagen, bei schwierigen Fällen erst nach 8-10 Tagen. Nach kurzer Erleichterung wurden die Beschwerden nach 10-14 Tagen wieder intensiver, später traten sie nur noch ca. ein Mal im Monat verstärkt auf.

Der 1. Grundsatz jeder biologischen Behandlung lautet:
Es darf nichts nach Innen schlagen!

Getreu dem Motto „Alles muss raus", wäre eine Zurückhaltung bzw. Speicherung von Giften als Rückschritt anzusehen. Die Speicherung ist eine Art „Notlösung" des Körpers, falls ihm eine Ausscheidung nicht möglich ist.

Es ist daher sehr wichtig, den Körper immer wieder dazu anzuhalten, aus seinem gewohnten Speichermodus herauszukommen und den natürlichen Ausleit-Modus wiederherzustellen.

Zu diesem Zweck haben sich diverse physikalische Anwendungen im Laufe der Jahrzehnte bewährt.

- Fasten
- Einläufe
- Salinische oder pflanzliche Ableitung auf den Darm
- Reibesitzbad
- Waschungen und Wechselteilbäder

Beachtenswertes zur Biologie

- Die Leistungsfähigkeit der Organe hängt nach naturwissenschaftlichem Verständnis vom sogenannten Säftezustand ab. Dies bedeutet gute Zirkulation und Freiheit von Schadstoffen des Blutes und der Lymphe.

- Der Säftezustand hängt wiederum von einer guten Verdauung ab. Eine Giftbelastung des Verdauungstraktes wirkt sich negativ auf das gesamte Organsystem aus und macht ein optimales Zirkulieren der Säfte unmöglich.

- Die tägliche Selbstreinigung erfolgt über die **Lunge** (Kohlensäure-Ausscheidung), die **Haut** (Schwitzen), die **Nieren** (Urin) und über den **Verdauungstrakt** (Darm/Leber).

Blut-Säfte-Reinigung in der Praxis

Allgemeine Maßnahmen:

Kneipp'sche Anwendungen, Kuhn'sches Reibesitzbad, Kältetraining nach Wim Hof Sonnenbäder, Luftbäder, tierisch eiweißfrei vitalstoffreiche Vollwertkost, Fasten

Folgende Anwendungen sind den entsprechenden Organen zuträglich:

- **Haut** – Bäder, Packungen, Sauna
- **Lungen** – Atem- und Bewegungstherapie
- **Nieren** – Trinkkuren
- **Darm** – Einläufe, salinische und pflanzliche Ausleitung
- **Leber** – Heublumenwickel, Leberreinigung nach Hulda Clark, Kaffee-Einläufe, Leberkräuter-spezifische Nahrungsergänzungen

- **Die Entzündung im Kontext der Erstverschlimmerung bzw. Heilskrise**

Der Ausdruck „Heilskrise" nach Dr. Max Gerson trifft diesen Zustand auf den Punkt. Der Körper möchte heilen und gerät entzündungsbedingt in eine Krise. Das Wort „Krise" kann in diesem Fall als positiver Prozess auf dem Weg in Richtung Heilung gesehen werden. Manche Menschen meinen, sie würden die Therapieform nicht vertragen oder hätten allergische Reaktionen. Dem ist aber nicht so. Wird ein chronischer Zustand akut – was sich in allen möglichen Arten von Entzündungen äußern kann – versucht der Körper durch diese Entzündung die chronische Krankheit loszuwerden.

In dieser Phase sollte der Patient in engem Kontakt mit seinem Therapeuten bleiben, damit dieser ihn jederzeit auffangen und richtig anleiten kann. Weiters hat der Therapeut in der Akutphase viel leichter die Möglichkeit, auf den Krankheitszustand des Patienten einzuwirken, als in einem chronischen (und damit festgefahrenen) Zustand.

Exkurs: Die Entzündungs- und Infektionskrankheit

von Dr. Julius Hackethal

1. „Entzündungs- oder Infektionskrankheit" ist die volkstümliche Bezeichnung für eine Entzündung von verschiedenen Organen und Organbereichen.

*Krank heißt hier: Die versteckt tätigen **Abwehrkräfte gegen angestaute potenzielle Schädlinge und/oder Schadstoffe (Homotoxine) reichen nicht mehr aus.** Dann genügt schon die Unterkühlung eines Hautabschnittes durch Zugluft oder dergleichen, um die allgegenwärtigen Kleinsthaustiere auf der Schleimhaut der Atemwege aggressiv werden zu lassen. Die Ursache dafür ist v.a. die durch den Kältereiz reflektorisch erzeugte Verengung der Kleinstgefäße und die dadurch bedingte Mangeldurchblutung. Ohne ständige Frischblutzufuhr schwindet mit der Lebenskraft aller Zellen auch deren Abwehrkraft.*

Entzündung nennt man die **Blutüberflutung** eines Gewebebereichs, eines Krankheitsherdes. Das Kleinstadernetz, das die Zellen und Zellfamilien umspinnt und durchblutet, erweitert sich. Die Feinstaderporen für den normalen Stoffwechsel zwischen Gewebe und Blut öffnen sich weit. Weißes Blut, Blutsaft mit quallenartigen Weißzellen (Leukos oder Leukozyten) und winzigen Blutplättchen (Thrombozyten) fließen ins Gewebe. Bei starker Entzündung bilden sich „Pfützen" aus weißem Blut, genannt **Eiter**. Seine **Farbe wird** vielfach **von Schädlingen bestimmt**. Staphylokokken erzeugen goldgelben, Streptokokken wässrigen, andere Bakterien grünen Eiter. Früher nannte man ihn Heil-Eiter, weshalb die Eiterbildung durch Entzündungsförderung mit heißen Umschlägen, Wärmeflaschen und dergleichen gefördert wurde.

2. Zu den gebräuchlichsten medizinischen Bezeichnungen zählen **Grippe, viraler Infekt** oder – bei örtlicher Begrenzung – **Rhinitis** (Nasenschleimhautentzündung, Schnupfen), **Sinusitis** (Nasennebenhöhlenentzündung), **Pharyngitis** (Rachenentzündung), **Tonsillitis** (Mandelentzündung), **Laryngitis** (Kehlkopfentzündung), **Tracheitis** (Luftröhrenentzündung), **Bronchitis** (Luftröhrenastentzündung), **Cystitis** (Blasenentzündung) **und alle Krankheitsbezeichnungen mit der Schlusssilbe „-itis"**, welche sie als „entzündlich" kennzeichnen.

3. Jeder Infekt führt zu einer **allgemeinen Mobilisierung des Abwehrsystems** und damit zu einer **Aktivierung der Selbstheilungskräfte**. Gleichzeitig mit der Abwehr der Infektionskrankheit kommt es zu vielerlei **Selbstreinigungsprozessen und Schadstellenreparaturen** im gesamten Organismus.

4. Infektions- und Entzündungskrankheiten **spielen bei der Abwehr und Heilung von krebsartigen und nichtkrebsartigen Gewebsneubildungen eine positive**

Rolle. Krebskranke haben oft viele Jahre vor Ausbruch der Krankheit keinen stärkeren Atemwegsinfekt. Eine Erkältungskrankheit 1-2 Mal jährlich ist also ein Zeichen guter Gesundheit.

5. Eine **Erkältungskrankheit** ist letztlich nur eine **besondere Art der Heilsentzündung** – jenes Prozesses, ohne den nichts heilt. Ein **biologisches Gesetz** lautet: **Ohne Heilsentzündung gibt es keine Heilung**. Ohne Heilsentzündung heilt keine Krebskrankheit. Deshalb gehört zu unseren wichtigsten Heilhilfen, zuvor verordnete entzündungshemmende Medikamente oder Schmerzmittel abzusetzen.

„Mir scheint, insbesondere auch auf Grund langjähriger Beobachtungen bei Patienten, dass die massive Aktivierung der Abwehrkräfte im Rahmen einer Infektionskrankheit an Schadstellen überall im Körper Reparaturprozesse in Gang setzt, und zwar bis hin zum Abbau von Gewächsen." – J. Hackethal

6. **Erkältungskrankheiten müssen** als Aktivator der Selbstheilungskräfte und potenzielle Heilkrankheit **„ausgekocht" werden, unterstützt durch naturgemäße Hilfen** wie Fasten, Ausleiten, Schwitzprozeduren, Reibebäder, heißer Holunderblütentee, frisches Obst, etc.

7. **Rezeptpflichtige symptomunterdrückende Medikamente verbieten sich in aller Regel**, insbesondere Antiphlogistica (entzündungshemmende und fiebersenkende Pillen, Zäpfchen, Halstabletten, Spülungen und Nasentropfen) sowie Antibiotika gegen Bakterien oder Viren.

8. Verschleppte und rasch wiederkehrende Atemwegsinfekte beruhen meist auf derartiger Falschbehandlung.
9. Schlafen mit geschlossenen Fenstern und Türen aus **Angst vor Zugluft** und vielschichtiges **Einpacken der Haut** von Kopf bis Fuß aus Angst vor Unterkühlung **ist ungesund**. Beides schützt nicht vor Erkältung, sondern verschiebt sie nur und macht sie dadurch schlimmer.

Dankgebet:

Lieber Gott, ich danke Dir, dass Du sie mir geschickt hast, die überfällige Erkältungskrankheit zum Gesundwerden.
DR. JULIUS HACKETHAL

Merksätze zur Entzündung:

Die Mikrobe ist nichts, das Terrain (Milieu) ist alles.
LOUIS PASTEUR

Eine akute Krankheit ist nicht denkbar, wenn ihr nicht eine Belastung des Körpers mit Fremd-(Gift-)stoffen vorausgegangen ist.
LOUIS KUHNE

Daraus folgt: **Infekte und Entzündungen sind Prozesse ...**

1) ... infolge mangelhafter Abwehrkräfte und Ausscheidungsvorgänge.

2) ... biologisch-zweckmäßiger Abwehrmaßnahmen gegen „Homotoxine" (=Giftstoffe im Menschen) zum **Gesundwerden** aufgrund einer massiven Überschwemmung des Organismus mit Infektionserregern oder Toxinen.

3) Sie stellen den biologisch-zweckmäßigen Versuch des Organismus dar, erlittene Homotoxinschädigungen zu kompensieren, um das Leben so lange wie möglich zu erhalten (=Heilsentzündung).

H. H. RECKEWEG

Merksätze zum Fieber

- **Fieber ist eine natürliche und hilfreiche Reaktion** (Heilsreaktion) des Organismus, um Krankheitserreger und Giftstoffe zu „verbrennen" und infolgedessen durch kräftiges Schwitzen auszuleiten.

- **Eine intensive Krise ist die Voraussetzung für jede echte Heilung.**

- **Je intensiver die Krise, desto stärker ist der Organismus** und desto geringer ist die Gefahr, dass eine akute Erkrankung ins Chronische übergeht und eine nachhaltige Schwächung nach sich zieht. Sollte die Körpertemperatur über 40°C steigen, so ist diese mit einem kalten Fußbad (5-10 min.) schnell und wohltuend zu senken.

- **Je schwächer die Krise, desto schwächer ist der Patient in der körpereigenen Abwehr.** In diesem Fall ist mit Kneipp'schen Anwendungen, Schwitztees und strenger Bettruhe für die beste Unterstützung der körpereigenen Abwehr zu sorgen. Eventuell ist diese weiter mit biologischen Heilmitteln zu unterstützen.

Achtung:

Das Fieber darf (nur im äußersten Notfall) durch fieberwidrige Mittel gehemmt werden und sollte durch anregende Mittel für die natürliche Lebenskraft normalisiert werden.

Tipp: On Guard-Tee (immunkraftstärkend, erregerabwehrend)

Für diesen „Tee" werden die unten genannten ätherischen Öle in Honig gemischt.

Bitte verwenden Sie nur hochwertige Öle in biologischer Qualität!

250 g Honig

10 Tropfen ätherische Ölmischung „On Guard" (Doterra)

5 Tropfen LEMON

5 Tropfen WILD ORANGE

5 Tropfen GRAPEFRUIT

5 Tropfen LIME

5 Tropfen CITRUS BLISS

3 Tropfen GINGER

2 Tropfen CASSIA

Jeweils einen Teelöffel dieser Mischung in eine Tasse trinkwarmen Tee geben und zügig trinken.

Diese Öle sind über die Firma **Doterra** zu beziehen.

Naturheilkundliche Entgiftungsanwendungen im Detail

Heilsames Fasten

Fasten gehört zu den ältesten und effektivsten Methoden, um den Körper während seiner Entgiftung zu unterstützen. Fakt ist, wir alle brauchen Nahrung zur Energiegewinnung. Gleichzeit ist der Verdauungsprozess, in dem der Körper die Nahrung in Energie umwandelt, sehr anstrengend.

Wollen wir unseren Körper nun während eines Infektes oder einer Entgiftung unterstützen, sollten wir ihn so gut es geht entlasten. Ein normalgewichtiger Mensch kann ohne Weiteres einige Tage ohne feste Nahrung auskommen und von seinen Reserven zehren. Gleichzeitig kann der Körper seine Energie völlig zum Entleeren seiner „Mülldepots" aufwenden.

Die Erfahrung hat außerdem gezeigt, dass gelegentlich kurzzeitiges Fasten ohne erheblichen Anlass dem Körper guttut. Der Ernährungstrend des sogenannten Kurzzeitfastens ist demnach als positiv anzusehen.

Da es viele Formen des Fastens gibt, sei an dieser Stelle Folgendes gesagt:

> **Fasten bedeutet nichts anderes, als nichts zu essen und nur Wasser zu trinken.**

Da beim Fasten die Darmtätigkeit vermindert ist, sollte mit Hilfe ausleitender Methoden die Darmentleerung zusätzlich unterstützt werden. Dadurch wird der Darmkanal von schädlichen Substanzen befreit, welche entweder mit der Nahrung in Form von Zusatzstoffen, Keimen, Viren, Bakterien, etc. aufgenommen wurden oder durch verminderte Stoffwechselprozesse im Körper selbst entstanden sind.

Der Körper wird in seinen Abwehrmaßnahmen bedeutend unterstützt.

Der deutsche Arzt und Naturmediziner Dr. Alfred Brauchle (1898-1964) hielt seine Patienten zur sogenannten **salinischen Darmberieselung** an, zu der in Kombination täglich Einläufe durchgeführt werden sollten.

Der österreichische Arzt und F. X. Mayr-Schüler Dr. Erich Rauch (1922-2003), war der Meinung, dass Einläufe den Verlauf eines Infektes bei frühzeitiger Durchführung entscheidend verändern würden.

Die salinische Ableitung auf den Darm

Die nachfolgenden Salze haben eine abführende, entzündungshemmende, fiebersenkende und reflektorische Wirkung auf die inneren Organe.

Glaubersalz (Natrium sulfuricum), auch „Sal mirabile glauberi" genannt. Es ist das Mittel der Wahl für eher kräftig gebaute Menschen und von überaus vielseitiger und tiefgreifender Wirkung für den gesamten Organstoffwechsel. Seine entzündungshemmende, kühlende und stoffwechselverbessernde Abführwirkung hat sich besonders bei Neigung zu Gallensteinen, Blasensteinen/Sand und Entfettungskuren sehr bewährt.

Bittersalz (Magnesium sulfuricum) ist eher für schlankere Menschen mit schwächerer Konstitution vorgesehen. Seine Wirkung auf die Organe, insbesondere auf den Darm, ist sanfter und weniger tiefgreifend als Glaubersalz.

Anwendung:

Zu Beginn wird eine kräftige Mischung empfohlen:

1 gehäufter EL in 0,25-0,5 L lauwarmem Wasser auflösen, für Kinder 1 gehäufter TL

Zum Erhalt der Ausleitung empfiehlt sich morgens und mittags je 1 TL in 0,25 L Wasser.

Um den Geschmack zu verbessern kann etwas Zitronensaft hinzugefügt werden.

Im Krankheitsfall kann die salinische Ableitung auf den Darm zusätzlich von Fasten und Einlaufserien begleitet werden.

Der Einlauf

Der Einlauf gehört zu jenen Methoden, die aufgrund ihrer Einfachheit gemeinhin enorm unterschätzt werden. Gleichzeitig hat er ein antiquiertes Image und man könnte meinen, diese Methode wäre längst durch die moderne Entwicklung des Gesundheitswesens aus der Welt geschafft bzw. ersetzt worden.

Manche halten ihn sogar für gefährlich, da man sich damit verletzen könnte.

Er ist nichts dergleichen, sondern ein altbewährtes, wirksames und ungefährliches Werkzeug zur Ableitung von Giften über den Darm und man sollte sich nicht scheuen, davon Gebrauch zu machen.

Hat man einmal die Scheu überwunden und seine befreiende Wirkung erfahren, wird man immer wieder darauf zurückkommen, bevor man zu starken Medikamenten greift.

Der Einlauf ist vielseitig anwendbar und bewirkt:

- **Eine Befreiung des Darmes von Giften**, die entweder mit der Ernährung oder Medikation von außerhalb in den Verdauungstrakt gelangt sind oder welche sich durch Störungen des Stoffwechsels durch Selbstvergiftung angesammelt haben.

- **Eine Entlastung des Körpers** in seinem Abwehrkampf und seinen Reparationsvorgängen.

- **Eine vagotonisierende Wirkung auf das Nervensystem**, die die Schmerzlinderung und Beruhigung unterstützen kann. Laut Erfahrung kann dadurch die Dosis von Schmerz- und Beruhigungsmitteln reduziert werden.

Anwendung:

Der einfache Wasser-Einlauf

Der Wasser-Einlauf kann entweder mittels Ballonspritze/Irrigator oder direkt aus dem Duschschlauch angewendet werden.

Bei der ersten Anwendungsmethode kann entweder Wasser oder Kamillentee (krampflösend und entzündungshemmend) in der Menge von 500 ml - 1 L für Erwachsene oder 150 ml - 500 ml für Kinder berechnet werden.

Bei der zweiten Methode wird der Duschkopf entfernt, der Wasserdruck auf sein Minimum eingestellt und das Wasser temperiert.

Bei Frieren/Schüttelfrost kann warmes Wasser verwendet werden, bei Fieber/Schwitzen empfiehlt sich leicht kühles Wasser (ca.36°C).

Der Einlauf wird in der Hocke oder in der Bankstellung durchgeführt und kann anfangs bis zu 6x täglich wiederholt werden, je nach Befinden des Patienten. Eine Erleichterung der Beschwerden wird erfahrungsgemäß nach den ersten Anwendungen spürbar und ein ansteigendes Schlaf- oder Ruhebedürfnis im Anschluss ist völlig normal.

Hinweis: Bei akuten Erkrankungen im Bauchraum sollte vor der Anwendung eine Abklärung durch den behandelnden Arzt erfolgen.

Der Kaffee-Einlauf

Der Kaffee-Einlauf wird bei schweren chronischen Erkrankungen verwendet und benötigt mehr Zeit als der Wasser-Einlauf. Er wird v.a. zur Unterstützung der Leber benötigt.

Er entgiftet den Organismus von Chemikalien und toten Zellen, wirkt stark leberanregend und -entgiftend, galltreibend und ist eines der besten Mittel zur Schmerztherapie. Weiters wird die giftige linksdrehende Milchsäure abgebaut und kann somit zur Reduzierung der Schmerzmitteldosis führen.

Man nimmt 3 EL gemahlenen Bohnenkaffee (kein Löskaffee) auf 1 L Wasser. Das Wasser kurz aufkochen lassen und etwa 15 min. lang sieden. Danach abseihen und das Kaffeewasser auf Körpertemperatur abkühlen lassen. Die Tagesmenge kann morgens für den ganzen Tag vorbereitet werden.

Der Anwender sollte sich auf die rechte Seite legen, die Knie in Richtung Kinn anziehen und tief atmen, um möglichst viel Flüssigkeit in alle Bereiche des Dickdarms zu pumpen. Der Kaffee sollte etwa 10-15 min. bei sich behalten werden, bevor man die Toilette aufsucht.

Das Koffein aus dem Wasser wird vom Darm absorbiert und gelangt über die Hämmorrhoidalvene in die Leberpfortader und letztlich zur Leber.

Die Stimulation der Leber bewirkt eine Erweiterung der Gallengänge und vermehrten Gallenfluss.

An dieser Stelle kann sich eine Erstverschlimmerung zeigen, die sich durch Krämpfe und Übelkeit bemerkbar macht. Erbrechen von Gallenflüssigkeit ist ebenfalls möglich.

In solchen Fällen ist Pfefferminztee mit etwas Honig und Zitronensaft sehr hilfreich, um die Galle aus dem Magen zu spülen. Danach stellt sich Erleichterung und Wohlbefinden ein.

Getrunkener Kaffee hat nicht die gewünschte Wirkung auf die Leber, da die entsprechende Absorption über den Dickdarm nicht gegeben ist.

Entgiftung über Haut und Nieren

Die Nieren

Die Nieren sind ebenso kraftvolle, wie empfindliche Organe. Sie gehören neben der Leber, dem Darm und der Haut zu den stärksten Entgiftern, die wir besitzen. Lässt ihre Filterfunktion mit der Zeit nach, werden mehr und mehr Gifte zurückgehalten und belasten so indirekt die anderen Organe. Weiters können durch geschwächte Nieren Beschwerden wie Kopfschmerzen, Hautkrankheiten (die Nieren stehen eng mit dem Entgiftungsorgan Haut in Verbindung), Nervenstörungen, Gelenkprobleme, etc. gefördert werden.

Paracelsus bezeichnete die Nierenfunktion sogar als „dritte Verdauung".

Da die Naturheilkunde viel Wert auf Prävention legt, kann eine geschwächte Nierenfunktion oft schon im Vorfeld in Betracht gezogen werden, bevor schulmedizinische Normwerte nicht mehr erreicht werden.

Die Haut

Die Haut ist nicht nur unser größtes Organ, sondern auch eines unserer wichtigsten Ausscheidungs- und Regulationsorgane. Im Kontext der Entgiftung interessiert uns v.a. die Hautatmung.

Durch ständige Ausdünstung – auch wenn man sie nicht bewusst wahrnimmt – und Schweiß werden etwa zwei Drittel an Abfallprodukten des Stoffwechsels in Form von Kohlensäure, flüchtigen Fettsäuren, mikroskopisch kleinen Wasserdampf-Tröpfchen, etc. täglich ausgeschieden.

Verminderung oder gar Unterbrechung kann zu schweren Krankheiten oder sogar zum Tod führen. Beispielsweise bei großflächigen Verbrennungen, wenn eine Selbstvergiftung durch nicht mehr intakte Hautatmung ausgelöst wird.

Auch bei Babys und Kleinkindern lässt sich gut beobachten, wie die Haut auf Störungen der inneren Kreisläufe reagiert. Bei falscher oder übermäßiger Ernährung zeigen sich oftmals Erscheinungen auf der Haut – v.a. auf der Kopfhaut. Die Haut versucht, das innere Ungleichgewicht durch entsprechende Reaktionen auszugleichen.

Man sollte daher bei wiederkehrenden Problemen mit der Haut zuerst nach innen sehen und seine Ernährung in Frage stellen, anstatt viel Geld für teure Kosmetika auszugeben. Denn eine gesunde Haut benötigt nur wenige Pflegeprodukte, um gleichmäßig auszusehen.

Stark riechende Ausdünstung und übelriechender Schweiß deuten oft auf Störungen des inneren Gleichgewichtes hin und sind ein deutliches Zeichen dafür, dass der Körper eine Veränderung benötigt.

Der berühmte deutsche Arzt und „Volkserzieher" Dr. Christoph Wilhelm Hufeland (1762-1836) war der Ansicht, dass man anhand der Hautabsonderung den Grad der Vitalität beurteilen könne. Je gasförmiger die Absonderung, desto mehr Lebenskraft würde der Mensch besitzen.

Schweiß gehöre laut Hufeland zu den bedeutendsten Entgiftungsmechanismen und die beste Entgiftungskur wäre ohne Schwitzen unvollkommen.

Merke: Nur gesunde Haut kann ihrer Funktion als Regulationsorgan zwischen Innen und Außen nachkommen. Sie braucht zum Atmen viel frische Luft und möglichst wenig Kleidung zu allen Jahreszeiten.

Geschwächte Haut, die ansonsten in Ordnung ist, kann durch folgende Anwendungen wieder funktionstüchtig gemacht werden.

Da die Haut für eine gesunde Funktion Umweltreize benötigt, haben sich folgende Anwendungen bestens bewährt:

- Luftbäder, Waschungen, Luft-Sonnenbäder
- Sauna, optimal mit Massage
- Massage mit anregenden Aromaölen
- Schweißtreibende Kräutertees (Holunder, Lindenblüte)

Ordnungstherapie – gesunder Lebenswandel in seiner urtümlichsten Form

Der erste Verfechter der Ordnungstherapie war Hippokrates (460-370 v.Chr.).

Er brachte das Konzept der ausbalancierten Lebensführung durch Ernährung, Schlaf, Bewegung, Licht und Luft in seiner Idee der „Diatia" (heute Diätetik) zu Papier.

In seine Fußstapfen traten große Mediziner wie **Hufeland** oder **Dr. M. O. Bircher-Benner** (1867-1836), Müsli-Erfinder und Rohkostverfechter.

Laut **Pfarrer Kneipp** (1821-1897) könne sich dauerhafte Gesundheit nur dann einstellen, wenn der Mensch mit seiner Umwelt im Reinen wäre. Nur dann wäre echte Selbstheilungskraft möglich.

Störungen der natürlichen Ordnung:

- **Falsche Ernährung**

- **Störungen der natürlichen Wärmeregulation** - Heizung, falsche Kleidung

- **Lichtraub** – zu langes Verweilen in geschlossenen Räumen

- **Bewegungsmangel**

- **Nichteinhaltung der naturgemäßen Rhythmen** – saisonale Lebensweise

Um Ordnung im Leben zu schaffen, bedarf es zwar keines Studiums, eine therapeutische Begleitung hat sich dennoch als vorteilhaft erwiesen. Selbstreflexion funktioniert am besten mit einem neutralen Begleiter.

Ordnungstherapie lässt sich mit folgenden Punkten umsetzen:

- Vitalstoffreiche Ernährung (dazu zählen auch Trinkgewohnheiten)
- Verzicht auf Genussgifte bzw. gesunden Ersatz für bestehende Gewohnheiten finden
- Bewegung an der frischen Luft bei wechselnden Temperaturen (Hautreize)
- Eruierung von Stressquellen und deren Vermeidung
- Rituale für Körper und Seele, ein gesundes Maß an Routine entspannt
- Überforderung und Unterforderung vermeiden
- Arbeit und Freizeit, An- und Entspannung in ein Gleichgewicht bringen
- Müdigkeit zulassen
- Rechtzeitig zu Bett gehen bzw. ausreichend Schlaf
- Allgemeine Entschleunigung des persönlichen Lebensrhythmus

*Doch soll der Mensch nicht bloss zu seinem Schöpfer flehen,
um die Gesundheit und ein langes Leben,
sondern er soll auch seinen Geist gebrauchen,
um die Schätze zu finden und zu heben,
welche der allgütige Vater in die Natur hineingelegt hat,
als Heilmittel für die vielfachen Übel dieses Lebens.*

Pfarrer SEBASTIAN KNEIPP

Das Luftbad

Das Luftbad zählt zu den ältesten und besten Abhärtungsmitteln der klassischen Naturheilkunde. Die Fähigkeit der Haut, sich verschiedenen Temperaturen möglichst rasch anzupassen, fördert ein gesundes Gefäßsystem, da der Wechsel zwischen Kälte und Wärme bzw. Zusammenziehung und Ausdehnung die Elastizität der Blutgefäße bestens unterstützt.

Weiters wird die schon erwähnte Hautatmung verstärkt. Kräftiges „Ausdampfen" ist für die Gesundheit von unschätzbarem Wert, da die Haut durch ihre Entgiftungsfunktion eine eventuell geschwächte Nieren- und Lungenfunktion mitübernehmen kann, um diese zu entlasten. Außerdem werden über die Haut Stoffwechselgifte ausgeschieden, die weder Lunge noch Nieren auszuscheiden vermögen.

Können besagte Stoffe nicht „ausgedampft" werden, müssen sie in den körpereigenen Giftdepots abgelagert werden. Zu diesen gehören nicht nur das Bindegewebe, sondern auch Drüsen, Nerven und Muskeln. Dort verursachen sie örtliche Störungen in Form von Entzündungen.

Gifte, die aufgrund mangelnder Verdauungsleistung nicht über den Darm ausgeschieden werden können, drängen unter Umständen über die Haut nach außen. Die Folge sind trockene, nässende, juckende oder manchmal sogar eiternde Ausschläge. Diese können nur durch Ernährungsumstellung und gezielte Ausleitung dauerhaft überwunden werden.

Das Luftbad bewirkt:

- Anregung und Entlastung des Kreislaufes
- Förderung der Hautdurchblutung
- Verhinderung von Wärmestauungen durch Steigerung der Wärmeabgabe
- Verbesserung des Zellstoffwechsels
- Steigerung der Giftausscheidung durch verbesserte Hautatmung
- Abhärtung und Steigerung des Wohlbefindens

Das Luftbad in der praktischen Anwendung

Am besten nimmt man sich dafür am frühen Morgen Zeit. Man entkleidet sich komplett, geht entweder nach draußen oder macht alle Fenster des Raumes weit auf. Während des Luftbades macht man entweder Atemübungen, Yoga oder sonstige körperliche Betätigungen. Danach bürstet man die Haut im trockenen Zustand ab.

Abschließend empfiehlt sich eine Wasseranwendung wie Wechselduschen (erst warm, dann kalt), Abreibungen oder Waschungen.

Danach erfolgt nach Möglichkeit eine Massage oder Einreibung mit Öl. Wenn man das Öl auf die noch nasse Haut aufträgt und danach sofort mit einem Handtuch abwischt, bleibt kein Film auf der Haut zurück.

Das Luftbad kann auch zu anderen Tageszeiten durchgeführt werden, dann jedoch ohne Wasser- und Ölanwendungen. Falls es die Zeit erlaubt, kann es bei Befindlichkeitsstörungen spontan angewandt werden.

Bei Empfindlichkeit gegen Kälte hat sich das morgendliche Ritual direkt aus dem Bett heraus als gutes Überwindungstraining erwiesen. Fortgeschrittene machen das Luftbad auch im Winter oder bei Regen, reiben sich mit Schnee ab und fördern so ihren körperlichen und seelischen Allgemeinzustand. Jedes Luftbad sollte nur so lange abgehalten werden, wie man sich dabei wohlfühlt. Quälerei und übertriebener Ehrgeiz sind fehl am Platz, die Fortschritte stellen sich ohnehin von selbst ein.

Kinder haben oft ein natürliches Bedürfnis, nackt herumzulaufen. Dies ist als Stärkung der Robustheit und des seelischen Gleichgewichts als positiv anzusehen.

Damit es keine Erkältung gibt, sollte man das Bad an kalten Tagen im Haus bei geöffneten Fenstern zelebrieren, an warmen Tag versteht sich die Bewegung in der Natur von selbst.

Nach Möglichkeit animiert man die Kleinen am besten vor den Mahlzeiten, da die Bewegung an der frischen Luft den Appetit fördert.

Zur Verbesserung der Schlafqualität kann das Bad auch abends durchgeführt werden. Weiters schläft man am besten nackt, da dies einen nächtlichen Wärmestau vermindert und zusätzlich tiefen und entspannten Schlaf fördert.

Wasseranwendungen

Der Mensch besteht zu über 70% aus Wasser, weshalb dieses Element für uns besonders ist. Nichts ist für uns wichtiger als der Kontakt zu Wasser, doch leider wird dieser Umstand oft nicht geschätzt. Im Folgenden erfahren Sie, was man mit Wasser alles tun kann – abgesehen vom Trinken.

Waschungen

Waschungen sind nicht nur angenehm, sondern auch wirkungsvoll. Wie bereits beim Thema „Luftbad" erwähnt, können Waschungen für Kneipp'sche Anwendungen oder je nach Bedarf und Jahreszeit zum Erwärmen oder Kühlen des Körpers genutzt werden. Es ist wichtig zu wissen, dass eine Waschung außerhalb der Dusche stattfindet und damit nicht zu vergleichen ist.

Sie bewirkt eine Ableitung des Blutes vom Zentrum (den inneren Organen) ins Peripher (zur Haut). Dadurch werden Stoffwechsel und Kreislauf gestärkt, die Haut wird robuster und das Wohlbefinden gesteigert.

Die Waschung in der praktischen Anwendung

Die Waschung sollte nach Möglichkeit an der frischen Luft erfolgen. Man bereitet eine größere Schüssel mit dem entsprechend temperierten Wasser vor – bei wechselwarmen Waschungen können es auch mehrere Schüsseln sein. Ist man bereit, taucht man ein Tuch ins Wasser, drückt es leicht aus wischt etwa 20 Sekunden lang zügig über die Haut. Ganz wichtig: nicht reiben. Am besten beginnt man am **Hals**, geht über die **Brust** zum **Bauch**, von dort aus seitlich zum **Rücken** und über das **Gesäß** hinab zu den **Beinen**.

Der gesamte Prozess sollte max. 2 Minuten dauern.

Möglichkeiten nach der Waschung

- Zur Gesundheitsvorsorge reicht es, sich trocken zu wischen
- In Kombination mit einem morgendlichen Luftbad kann man sich auch an der Luft trocknen lassen
- Bei Krankheit empfiehlt es sich, im nassen Zustand ins Bett zu gehen und mit einer Wärmflasche die feuchte Wärme auf sich wirken zu lassen

Wasseranwendungen nach Kneipp (1821-1897)

Der landläufig bekannte bayrische „Wasserpfarrer" Sebastian Kneipp war Naturheilkundler und Hydrotherapeut. Er machte die bereits vor ihm entdeckte Wasserkur durch persönliche Erfolge bei der Selbstbehandlung seiner offenen Lungentuberkulose populär. Darüber hinaus half er mit seinem Wissen im Kampf gegen die damals grassierende Choleraepidemie und überlebte im fortgeschrittenen Alter die Pocken.

Das Kneipp'sche Waden-Bad

Es wurde speziell zur Heilung von Verkühlung und kalten Füßen entwickelt.

Zwei hohe Gefäße (z.B. Kübel oder Trog) werden vorbereitet. Ein Gefäß mit warmem Wasser (39-41°C) füllen, das zweite Gefäß mit kaltem Wasser.

Man beginnt für ca. 10 min. mit der Erwärmung und wechselt danach für 10-20 Sekunden ins kalte Wasser. Die Erwärmungsphase ist nur notwendig, wenn die Füße kalt sind. Hat man von Natur aus warme Füße, kann die Warmwasserphase entfallen.

Wer 10 Sekunden im Kaltwasser nicht aushält, kann zur Not auch kurze Güsse anwenden.

Für die zweite Runde genügen 5 min. im Warmwasser.

Tipp: Zum Abschluss können einige Tropfen ätherisches Öl mit wärmenden Eigenschaften auf die Fußsohlen aufgetragen werden, z.B. Ingwer, Zimt, schwarzer Pfeffer, Rosmarin (belebend) oder Weißtanne (schmerzlindernd).

Das Reibesitzbad nach Louis Kuhne (1835-1901, Zeitgenosse von Kneipp)

Das Reibesitzbad wirkt giftausleitend, lösend, reinigend, kreislaufstärkend und belebend.

Es gehört zu den Kaltwasseranwendungen und darf nur bei gutem Wärmezustand des Menschen durchgeführt werden. Die Durchführung bei Frösteln und die Anwendung im Freien bei niedrigen Temperaturen wird nicht empfohlen.

Frauen sollten es während ihrer Periode nicht anwenden.

Das Bad kann bei gesundheitlichen Problemen bis zu 3x täglich durchgeführt werden, Ruhe oder Bewegung im Anschluss sind optional.

Indikationen:

- Darmerkrankungen, z.B. Entzündungen, Dysbakterie, Blähungen
- Hämorrhoiden
- Erkrankungen von Leber/Galle, Magen und Bauchspeicheldrüse
- Störungen des Stoffwechsels, z.B. Fettverdauung, Gicht
- Blasen-/Nierenerkrankungen (mit heißem Wasser)
- Nierensteine/Sand
- Hautkrankheiten
- Lungenerkrankungen
- Störungen des vegetativen Nervensystems
- Herzbeschwerden
- Frauenleiden, z.B. Periodenstörungen, Ausfluss, Sexualstörungen
- Bei Infektionskrankheiten zur Linderung von Übelkeit, Kopfschmerzen, Erschöpfungszuständen und bei Bedarf zur Fiebersenkung

Man benötigt:

- Einen Trog oder eine große Schüssel aus Kunststoff oder Holz
- Ein Sitzbrett
- Ein grobes Tuch oder einen Waschlappen
- Gummi-Handschuhe (Kälteschutz)

Durchführung bei der Frau:

Die gesamte Prozedur dauert je nach Übungszustand zwischen 15 und 30 Minuten.

Man befüllt eine Schüssel mit etwa 12-14°C kaltem Wasser und legt das Brett mittig darauf. Danach setzt man sich mit gespreizten Beinen auf das Brett, die Genitalien sollten sich knapp über der Wasseroberfläche befinden. Wer gelenkig ist, kann das Brett auch weglassen und sich mit dem Rücken an einer Wand oder ähnlichem anlehnen.

Nun streift man die Handschuhe über, taucht das Tuch ins Wasser und streicht von unten nach oben an den äußeren Genitalien entlang. Es sollte möglichst viel Wasser mitgenommen werden und nur gestrichen, keinesfalls gerieben werden.

Durchführung beim Mann:

Das männliche Glied wird knapp über die Wasseroberfläche gehalten. Mit den Fingerspitzen hält man die Vorhaut vor der Eichel zusammen und streift mit einem Tuch vorsichtig hin und her. Der umgebende Genitalbereich kann leicht abgerieben werden.

Um das Kältegefühl besser zu ertragen, wird auch die Leistengegend bis über den Bauchnabel und nach hinten zum After miteinbezogen bzw. die Regionen gewechselt.

Tipp: Wer sich mit der direkten Waschung des Genitalbereichs unwohl fühlt, kann auch nur Streichungen vom Nabel abwärts durchführen.

Die Sonne

Ohne Sonne kein Leben, jeder weiß es. Schon vor Jahrtausenden beteten die Menschen zu Licht- und Sonnengöttern. Jeden Frühling spüren wir eine aufstrebende Kraft in uns, sobald wir die ersten Sonnenstrahlen nach dem Winter genießen können und die ersten Knospen an den Pflanzen wahrnehmen. Wir leben auf, wenn die Sonne kommt, fühlen uns inspiriert und positiv.

Neben der Förderung seelischer Ausgeglichenheit bewirkt die Sonne zusätzlich eine Verbesserung der Atemfrequenz und des Schlafes.

Doch den Medien vernimmt man: „Vorsicht, die Sonne ist Ihr Feind! Benützen Sie Sonnencreme mit möglichst hohem Lichtschutzfaktor, ansonsten besteht langfristig gesehen Krebsgefahr! Bloß nicht zu lange in die Sonne gehen und schon gar nicht ungeschützt!"

Das klingt so, als wüsste Ihr Körper von selbst nicht, wann er genug von der Sonne hat.

Um diese Panikmache etwas abzumildern, sind nachfolgend einige geschichtliche Anhaltspunkte zum Thema „Pro-Sonne" aufgelistet.

- Das Volk der Assyrer und Ägypter besaß bereits eigene Sonnenbad-Terrassen.

- Im antiken Griechenland und Rom wurde regelmäßiges Sonnenbaden als natürliches Heilmittel bei **Schwäche, Fettleibigkeit und Bleichsucht** verordnet. Den olympischen Athleten wurde ein Sonnenbad zur **Kräftigung ihrer Muskeln** vorgeschrieben.

- Im Mittelalter verlor sich dieser Trend und stieg erst wieder gegen Ende des 18. Jahrhunderts mit dem französischen Chirurgen Jean-François Faure an. Er empfahl die Sonnenbestrahlung zu Heilszwecken (Heliotherapie) bei **Wundheilungsstörungen, Geschwüren und Hauttumoren**.

- Wenige Jahrzehnte später kam man zu der Erkenntnis, dass der Entzug von Sonnenlicht zu „seelischer Schwäche und Abstumpfung" führe (heute „depressive Verstimmung" genannt).

- Mitte des 19. Jahrhunderts entdeckte man, dass **Sonnenbäder bei Rachitis, Lymphdrüsenstörungen und Gelenksproblemen** heilsam sind. In der Schweiz wurden im Zuge der damaligen Naturheilbewegung eigene Sonnenbadeanstalten für therapeutische Luft- und Sonnenbäder erbaut. Besonders hervorzuheben gilt es die Heliotherapie (Sonnenkur) zur Behandlung von **Tuberkulose**.

> Wie bei allem, gilt auch für die Sonne: Die Dosis macht das Gift.

Daher: Sonnengenuss mit Maß und Ziel

- Hören Sie auf Ihren Körper, wenn Sie in die Sonne gehen. Gewöhnen Sie ihn im Frühsommer langsam an die Bestrahlung.

- Beurteilen Sie den Zustand Ihrer Haut täglich hinsichtlich Rötung, Trockenheit und Bräunungszustand.

- Trinken Sie ausreichend und ziehen Sie sich zurück, wenn Ihr Körper mit Unwohlsein reagiert.

- Verwenden Sie Pflegeprodukte, die Aloe Vera enthalten und Sonnencreme mit eher niedrigem LSF.

Dies alles gilt selbstverständlich nur, wenn Sie sich im heimischen Klima aufhalten. Im Urlaub gelten andere Gesetze.

Das Sonnenbad (Heliotherapie) im Detail

Obwohl die Sonne vornehmlich in der warmen Jahreszeit eine Rolle spielt, sollte sie dennoch das ganze Jahr über in Anspruch genommen werden. Im Winter kann alternativ auf den Besuch im Solarium zurückgegriffen werden.

Die beste Zeit für die Heliotherapie ist das Frühjahr und die beste Tageszeit ist vormittags, denn laut Überlieferung wird der aufsteigenden Sonne mehr Heilskraft zugesprochen als der sinkenden. Dabei spielt es keinerlei Rolle, ob die Sonne hinter Wolken verborgen ist oder strahlend am Himmel steht.

Direkt nach dem Essen ist das Sonnenbad nur bedingt empfehlenswert, da die Bestrahlung das Blut von den Verdauungsorganen weg in die Haut treibt, obwohl es zu dieser Zeit eher im Körperzentrum verbleiben sollte.

Je weniger Bekleidung man am Körper trägt, desto besser. Wer diese Möglichkeit nicht hat, sollte trotzdem versuchen, so luftig wie möglich bekleidet zu sein (dünne oder gehäkelte Strandkleider, UV-durchlässige Bademode, etc.).

Ungeübte beginnen am besten mit 5 bis 10 min. auf jeder Körperseite, während der Kopf mit einem Hut oder einem feuchten Handtuch geschützt wird. Beim Lesen trägt man zum Schutz der Augen besser eine Sonnenbrille.

Um die Haut aufnahmefähig zu machen, wird sie (je nach persönlicher Vorliebe) frottiert, gebürstet oder massiert. Körperliche Betätigungen, Schwimmtraining und kräftiges Durchatmen verstärken die positive Wirkung zusätzlich.

Besondere Aufmerksamkeit sollte einem täglichen Ölritual zukommen, da gut eingeölte Haut besser Farbstoffe bilden kann. Besonders wichtig dabei sind die Füße (Sohle, Rist und Zehenzwischenräume).

Vorsicht bei ätherischen Ölen: Zitrusöle sollten nicht in Verbindung mit einem Sonnenbad verwendet werden!

Waldbaden (Japanisch: Shinrin Yoku)

Das Waldbaden gehört zu den angenehmsten Methoden, um sich wieder ins Gleichgewicht zu bringen bzw. dieses zu bewahren. Es hat seinen Ursprung in Japan, wo es als Therapieform sogar an Universitäten gelehrt wird. Mittlerweile ist diese Methode in Europa angekommen und so gibt es inzwischen auch bei uns sogenannte „Kur- und Heilwälder".

Japanische Studien haben gezeigt, dass die Atmosphäre im Wald den Blutdruck senken, die Immunabwehr stärken und Stresshormone abbauen kann.

Durch die vorherrschenden Gerüche und Geräusche wirkt das Waldbaden zudem beruhigend auf das Nervensystem und belebt die Seele. Seine Wirkung ähnelt quasi einem natürlichen Antidepressivum.

Vorteile:

- Leichte Verfügbarkeit – in unseren Breiten sind Wälder fast überall in Reichweite

- Kein finanzieller Aufwand, außer vielleicht die Investition in ein vernünftiges Paar Wanderschuhe

- Auch ohne körperliche Anstrengung empfindet man eine positive Wirkung

- Der Wald ist einer der wenigen Orte, an denen man Stille erfahren kann

Spazierengehen oder Heilwandern

Sie werden sich nun vielleicht fragen, was an solch einem simplen Zeitvertreib so besonders sein soll. Waldspaziergänge sind schließlich nichts Außergewöhnliches.

Ob man im Wald eine heilsame Wirkung erfährt oder nicht, hängt jedoch ganz von der Herangehensweise ab. Sieht man das Waldgebiet beispielsweise als Fitnessstudio oder alternatives Büro? Lässt man sein Handy und das persönliche Sportler-Ego zu Hause, um bewusst zur Ruhe zu kommen?

Heilwandern durch Geh-Meditation

Für das achtsame Waldbaden geht man wie folgt vor:

Alles, was klingeln, piepen oder surren kann, sollte zu Hause bleiben.

Man sucht sich ein beliebiges Waldstück, dessen Gegebenheiten nicht zu anstrengend sind.

Zuerst in normalem Tempo losgehen, später die Schritte verlangsamen.

Bewusstes Schweigen, um sich zu sammeln. Aufkeimende Gedanken aller Art sind normal, da der Verstand ständig arbeitet. Im Alltagsgeschehen fällt dies bloß nicht so auf.

Konzentration auf die Umgebung, die Atmung und die Schritte.

Nach der ersten Phase des Losgehens bleibt man irgendwann kurz stehen (es gibt keinen falschen Zeitpunkt dafür). Man fühlt den Boden unter den Füßen und nimmt die Umgebung bewusst wahr, bevor man sich langsam wieder in Bewegung setzt.

Behutsam einen Schritt nach dem anderen machen und dabei in langen und langsamen Atemzügen atmen.

Hat sich nach einer gewissen Zeit geistige Ruhe eingestellt, konzentriert man sich mit allen Sinnen nacheinander auf die Umgebung. Erst ein Blick in den Wald mit seinen jahreszeitlichen Besonderheiten, danach nimmt man den Geruch in der Luft wahr, die Geräusche der Umgebung wie Pflanzen, Tiere, Wasser etc. und zuletzt das Gefühl beim Berühren eines bemoosten Steines oder einer Baumrinde.

Abschließend wird die Natur mit allen Sinnen gleichzeitig wahrgenommen.

Danach wird die Wanderung in normalem Tempo fortgesetzt.

Bewegung

Bewegung jeglicher Art ist ein Ausdruck von Lebendigkeit und geistiger Regsamkeit. Wer sich nicht bewegt, wird körperlich gesehen träge, unflexibel und dick. Geistig gesehen wird man stumpf und teilnahmslos.

Auch Menschen, die viel mit dem Kopf arbeiten, brauchen regelmäßige Bewegung für ihre geistige Fitness.

Bewegung bewirkt im Körper eine vermehrte „Durchmischung" der Körpersäfte. Blut und Lymphe werden bewegt, der Darm besser durchblutet und nebenbei fühlt man sich durch die vermehrte Sauerstoffzufuhr insgesamt besser.

Fast noch wichtiger jedoch ist die positive Wirkung auf den Geist. Bewegung (selbst simples Spazierengehen) macht den Kopf frei, Gedanken und Gefühle können fließen und bei regelmäßiger Bewegung erfährt der Mensch mehr und mehr Inspiration, selbst wenn er mit sich allein ist.

Neue Gedanken und Ideen entstehen, man gelangt zu mehr Kreativität und Optimismus.

Generell eignet sich Ausdauersport wie **Gehen, Nordic Walking, Laufen, Radfahren, Ballspiele, etc.** besser als Kraftsport, wobei trotzdem jeder Mensch mit Spaß bei der Sache sein sollte und daher seinen Vorlieben nachgehen sollte.

Der beste für jede Altersgruppe geeignete Sport ist Laufen, denn hier wird der gesamte Körper gelockert und gestärkt. Es lohnt sich, ein wenig Geld in die richtige Lauftechnik zu investieren, damit das Laufen auch Spaß macht und die Gelenke dabei geschont werden.

Man sollte ca. 5x pro Woche laufen, die Länge der Strecke spielt dabei eine eher nebensächliche Rolle. Ein mäßiger Lauf von 20-40 min. bei etwa 150 Schlägen pro Minute ist zum Erhalt der Grundfitness vollkommen ausreichend.

Leistungsvergleich (1,5-3 km laufen)

Wer nicht laufen kann oder möchte, kann stattdessen:

- 100-400 m in 3-15 min. schwimmen
- 3-12 km in 7-20 min. Rad fahren
- 2-6 km in 20-60 min. Nordic Walking
- 10-20 min. auf der Stelle laufen

Abschließend bleibt noch zu erwähnen, dass JEDE Art der körperlichen Betätigung begrüßenswert ist. Egal ob Yoga, Reiten, Gassi-Gehen, Sauna, etc.

Der Weg ist das Ziel. Suchen und finden Sie sich selbst, indem Sie aus Ihrem Alltagstrott kommen und Neues entdecken.

*Der Erfolg unserer Medizin
besteht größtenteils darin,
kurze, furchtbare Schmerzen
in geringere aber längere Schmerzen
zu verwandeln.
Man stirbt nicht mehr rasch;
man verlängert das Sterben über Jahre hinaus
und nennt das eine Verlängerung des Lebens.*
HANS KÜNKEL

Ein Tag wie in der Erholungsklinik vor 100 Jahren

Eines der kostbarsten Mittel zur Erholung und Unterstützung dauerhafter Gesundheit ist Zeit. Es macht daher Sinn, regelmäßig einen fixen Tag für ein „Gesundheitsprogramm" einzuplanen. Dass dies kein leichtes Unterfangen ist, weiß jeder, der mitten im Leben steht. Dennoch muss eine regelmäßige Auszeit dieser Art möglich sein, wenn man nicht früher oder später mit Burnout oder sonstigen chronischen Krankheiten aufwachen will.

Die in diesem Buch angeführten Methoden kosten wenig Geld, dafür aber Zeit und Disziplin.

Vormittag

- Luftbad (Kräftigung und Beruhigung der Nerven)
- Trockenbürsten (weckt die Lebensgeister)
- Bauchmassage
- Wasseranwendung
- Atemübungen und Gymnastik
- Ölmassage/Einreibung

Mittag

- Ruhe
- Sonnenbad (10-15 Uhr) oder
- Bewegung (Spaziergang) oder
- Wasseranwendungen

Abend

- Abendspaziergang
- Luftbad
- Entgiftungsmassage mit Aromaölen

Bauchmassage

Diese Massage eignet sich gut bei Verstopfung, die ansonsten eine Selbstvergiftung bewirkt und diverse Beschwerden wie Kopf-, Bauch-, Nerven- oder Gelenkschmerzen mit sich bringen kann.

Des Weiteren beruhigt sie das Nervensystem und steigert die innere Ruhe. Im Anschluss fühlt man sich frischer, kräftiger und ausgeruhter.

Am besten nimmt man sich die Zeit am Morgen, legt sich entspannt auf den Rücken, den Kopf auf einen Polster und die Knie aufgestellt, um die Bauchmuskeln zu entspannen.

1. Teil, Magenmassage: Die Hand wird flach und quer (horizontal) unter der Brust aufgelegt und mit sanftem Druck bis kurz vor den Nabel ausgestrichen. Vom Ausgangspunkt beginnt die andere Hand gleichzeitig, der ausstreichenden Hand zu folgen. Beide Hände wechseln sich in einer fließenden Bewegung für etwa 2 Minuten ab.

2. Teil, Dünndarmmassage: Die linke Hand beginnt im Urzeigersinn einen kleinen Kreis um den Nabel zu beschreiben. Die rechte Hand wird über die linke gelegt, sodass die linke Hand die Haut nach links schiebt, während die rechte Hand die Haut nach rechts zieht. Diese Streichungen werden etwa 1 Minute lang ausgeführt.

3. Teil, Dickdarmmassage: Wie die Dünndarmmassage, nur mit größerem Radius. Sie wird 2 Minuten lang ausgeführt.

Ruhe und Entspannung

Ruhe ist nicht zwingend das Gegenteil von Bewegung, vielmehr ist sie das Gegenteil von Stress. Bewusste Ruhephasen dienen dazu, Stress abzubauen. Mit „bewusst" ist der Unterschied zwischen gelangweiltem Herumlungern und echtem Genuss der Ruhezeit gemeint. In diesem Kontext kann Ruhe, genauso wie Bewegung als sogenannter „Lebensreiz" verstanden werden.

Die natürlichste und einfachste Art der Entspannung ist die simple Rückenlage, bei der Arme und Beine parallel zueinander liegen. Raumtemperatur, Unterlage und Kleidung sollten als angenehm empfunden werden. Diese Position sollte einige Minuten beibehalten werden, Bewegung dabei ist zu vermeiden.

Nach wenigen Minuten völliger Ruhe werden sich die Nerven beruhigen und das seelische Wohlbefinden wird sich mehr und mehr einstellen.

Ergänzend kann auch mit geführten Meditationen, Musiktherapie oder Suggestivtherapie gearbeitet werden.

Wer Probleme beim Einschlafen hat, kann diesen Zustand ganz bewusst vor dem Schlafengehen herbeiführen.

Schlaf

Nach der Ruhe folgt naturgemäß der Schlaf. Er ist einer der größten Heiler, die die Natur besitzt. Bereits Schopenhauer sagte: „Der Schlaf ist für den ganzen Menschen, was das Aufziehen für die Uhr ist." Auch Goethe fand lobende Worte: „Der Schlaf heilt mir vieles." Und Tucholsky meinte: „Gebt den Leuten mehr Schlaf – und sie werden wacher sein, wenn sie wach sind."

Doch das scheinbar Natürlichste der Welt ist in der heutigen Zeit wahrlich zum Luxusartikel geworden. Schlafstörungen haben sich zur Volkskrankheit entwickelt, werden vom Gesundheitssystem jedoch eher stiefmütterlich behandelt.

Was passiert, wenn wir schlafen?

- Dunkelheit und Stille bewirken eine Steigerung der körpereigenen Melatoninproduktion, das vagotone Nervensystem wird aktiviert und der Mensch wird schläfrig

- Im Schlaf, v.a. wenn die Leicht- und Tiefschlafphasen regelmäßig ablaufen, wird der Körper quasi generalüberholt und seine Stressresistenz wird gesteigert

- Entgiftung bzw. Kurzzeitentwöhnung von tagsüber aufgenommen Giften (auch psychische Gifte wie negative Emotionen)

- Gesteigertes Immunsystem während der Tiefschlafphasen, auch Heilschlaf genannt

- Vermehrter Säureabbau über Leber und Nieren

- Abbau von überschüssigem Fett

- Der Geist erholt sich, indem das Gehirn die Eindrücke des Tages verarbeitet. Etwa die Hälfte der Zeit wird Erlebtes eingeordnet und in Träumen verarbeitet. In diesem Kontext betrachtet, kann der Schlaf als eines der wichtigsten Werkzeuge zur Stabilisierung der Psyche betrachtet werden.

Die Schlafdauer spielt im Vergleich zur Schlafqualität mit ihren regelmäßigen Leicht- und Tiefschlafphasen eine untergeordnete Rolle, da das Schlafbedürfnis oft genetisch bedingt ist und sich nur geringfügig verändern lässt. Sogenannte Kurzschläfer verbringen in 5 Stunden mehr Zeit in Tiefschlafphasen und regenerieren daher schneller als Normalschläfer. Eine anhaltende Schlafdauer von unter 4 Stunden hat jedoch einen negativen Einfluss auf die Lebenszeit.

Definition Schlafstörung:

- Einschlafzeit beträgt 40 Minuten oder länger

- Mehrmaliges grundloses nächtliches Erwachen

- Unkontrolliertes Muskelzucken

- Schnarchen

- Nächtliche Atemstillstände von mehr als 20 Sekunden

- Sich morgens trotz normalem Ein-/Durchschlafens unausgeruht und verkatert fühlen

Ursachen für Schlafstörungen:

- Geopathische Störzonen wie Wasseradern, Erdverwerfungen, Curry-Gitter-Kreuzungen

- Elektrosmog, Sendemasten, Handystrahlung, Internetrouter bringen den Melatoninhaushalt durcheinander, den der Körper zum Einschlafen benötigt

- Ungeeignetes Schlafsystem (Hitzestau durch ungeeignete Materialien oder Verspannungen durch ungünstigen Härtegrad der Matratze)

Einschlafstörungen sind mehrheitlich psychisch bedingt, wohingegen Durchschlafstörungen meist stoffwechselbedingt sind. Bei Durchschlafproblemen hat sich die Nachforschung mittels Organuhr als äußerst effektiv herausgestellt. Häufig gibt die Zeit, zu der man aufwacht, Aufschluss über das entsprechende aktive Organsystem.

Folgen von chronischen Schlafstörungen:

- Chronisch fehlende Motivation bis hin zu Depressionen
- Reizbarkeit/Überreaktion, auch bei Kleinigkeiten
- Konzentrationsmangel, permanente Suche, Zerstreuung
- Mangel an Kreativität und Inspiration
- Selbst kleine Herausforderungen im Alltag werden als belastend empfunden
- Stressbedingte Krankheiten treten leichter auf und sind schwerer zu behandeln
- Angst vor dem Schlafengehen
- Immunschwäche bzw. vermehrte Infektanfälligkeit

*Jede Krankheit hat Ursachen,
auch wenn sie dem Einzelnen unbekannt sind.
Nur eine Behandlung, die die Ursachen berücksichtigt,
ist eine Heilbehandlung.*
MAX OTTO BRUKER

Schlusswort

Ganzheitliche Heilung bedeutet eine Harmonisierung der Lebensfunktionen durch Ordnung

Voraussetzung für diese Neuordnung des Lebens ist das **Vertrauen in die Selbstheilungskräfte** des Körpers und die **Selbstverantwortung**, also die Erkenntnis, dass absolut NIEMAND außer dem Betreffenden selbst für seine Genesung verantwortlich ist.

Ob wir gesund werden und bleiben, hängt davon ab, was wir tun, denken und fühlen – jeden einzelnen Tag unseres Lebens. Denn Gesundheit ist letztlich nichts anderes als die Summe unserer Angewohnheiten.

Wer seine Beschwerden in den Griff bekommen möchte, hat die Aufgabe, seine Lebensgewohnheiten im Detail zu betrachten, zu hinterfragen und konsequent stückweise zu verändern.

Jede Krankheit ist heilbar – nur nicht jeder Kranke.
LOUIS KUHNE
deutscher Naturheilkundler, Nachfolger von
Theodor Hahn und Zeitgenosse von Sebastian Kneipp

Anhang A: Die Überlebenspersönlichkeit

Der Überlebensinstinkt ist vollkommen natürlich. Dennoch kann man diese Veranlagung optimieren, indem man seine Lebensbedingungen konsequent und bestmöglich verbessert.

- Dieser **Wille** bewegt gleichzeitig das **Bewusstsein,** seine Lebensgewohnheiten immer wieder zu überdenken bzw. in Frage zu stellen.

- Auch bei chronischer Krankheit darf der **Glaube** an Heilung nicht aufgegeben werden. Jede Krankheit hat seine Ursachen und auch seine Resonanz zum Patienten – selbst wenn man die Zusammenhänge noch nicht begriffen hat. Das bedeutet, dass jede Krankheit zum Patienten „passt", solange keine tiefgreifenden Veränderungen vorgenommen werden.

- Lang andauernde Krankheiten – selbst wenn diese nicht lebensbedrohlich sind – stellen die **Geduld** des Betroffenen oft auf eine harte Probe. Etwaige Einschränkungen können auf Dauer zermürbend wirken und sind trotzdem sinnvoll, da diese Krise eine Zeit der Veränderung darstellt. Die Verlockung, zu Schmerzmitteln zu greifen mag groß sein, trotzdem sollte man versuchen, ihr zu widerstehen. Denn Schmerzmittel bringen zwar Erleichterung, aber keine Erkenntnis.

- Jeder Mensch ist individuell. Trotzdem ist vielen Menschen dieser Umstand nicht ganz geheuer, sie gehen lieber in der Anonymität der Masse unter und folgen der Mehrheit. Diese Strategie mag vielleicht bequemer und sicherer sein, ist aber nicht gesund. **Eigenverantwortung** für persönliche Bedürfnisse zu übernehmen, gehört zu den Grundfesten ganzheitlicher Gesundheit. Nur wer mit sich selbst im Reinen ist, kann wahrhaft gesund werden und bleiben.

Fazit: Nur Veränderung bringt Heilung.

Anhang B: Der Patient und sein Umfeld

Der Mensch ist ein kompliziertes Konstrukt aus genetischen Anlagen, sozialer Prägung, erlernten Fähigkeiten, emotionalem Fahrwasser und nicht zuletzt ein Resultat seiner Lebensgewohnheiten. Es gibt beispielsweise gesellige und zurückgezogene Exemplare – jeder Mensch hat jedoch auf irgendeine Art und Weise sein Umfeld geschaffen.

Dieses Umfeld zeigt, was für ein Mensch er/sie ist. Es muss daher unbedingt miteinbezogen werden, denn das Umfeld bildet auch einen Resonanzkörper. Ändert sich der Mensch, bleibt eine Veränderung seines Umfeldes nicht aus, ansonsten wäre es keine echte Veränderung.

Das Umfeld bildet ein breites Spektrum für Stress, denn überall, wo Menschen zusammenkommen, entstehen Reibungspunkte. Die Frage ist nur, ob diese konstruktiver oder destruktiver Natur sind.

Stress gehört zu den an meisten unterschätzten Krankmachern. Dies liegt ironischerweise an unserem Überlebensmodus. Man gewöhnt sich relativ schnell an Stress, wenn man ihm nicht entgehen kann (was in der Familie und im Beruf recht häufig der Fall ist). Dies tut allerdings der Tatsache keinen Abbruch, dass er auf ganzer Ebene krank macht. Er stört neben dem emotionalen Gleichgewicht auch das Hormonsystem. Dieses ist wiederum an verschiedenen Stoffwechselvorgängen im Körper beteiligt.

Chronischer Stress bedeutet: Lebensfrust führt zu einem vitalitätsfeindlichen Milieu.

Lebenslust hingegen wirkt ungemein immunstärkend. Der Mensch sollte daher alles Erdenkliche tun, um sein Leben positiv zu gestalten. Ein konstruktives Umfeld ist für ein gesundheitsbewusstes Leben unerlässlich.

Dass die Ausschüttung von Endorphinen durch Lachen und unbeschwerte Momente positiv auf das Immunsystem wirken, ist mittlerweile wissenschaftlich belegt. Es liegt daher in der Verantwortung jedes Einzelnen, für Freude im eigenen Leben zu sorgen. Eine Überlebenspersönlichkeit entfernt sich von der Opferrolle und kämpft für sein Recht auf ein erfülltes Leben. Ein Recht, das JEDEM Menschen zusteht, das aber gleichzeitig selten auf dem Silbertablett serviert wird.

Um krankheitsfördernde Denkmuster abzustreifen, haben sich spirituelle Systeme wie Visualisierungstechniken, Innenweltreisen, feinstoffliche Therapieformen, Familienstellen, Schamanismus, etc. gut bewährt. Die geistige Entwicklung ist eines der wichtigsten Werkzeuge, um sich in seiner Gesamtheit zu verändern.

Ausgewogene Ernährung, das beste Trainingsprogramm und der erholsamste Schlaf allein nützen nichts – ohne die tief verwurzelte Erkenntnis und das Gefühl, Teil eines großen harmonischen Ganzen zu sein, wird uns immer etwas fehlen. Letztlich ist und bleibt das Leben ein Weg zu uns selbst. Wie wir ihn gehen, bleibt uns und den Menschen, mit denen wir unser Leben verbringen, überlassen.

In diesem Sinne wünsche ich Ihnen ein fantastisches und friedliches Leben in Mitgefühl.

Anhang C: Das einfache Geheimnis eines unüberwindbaren Immunsystems

Das Geheimnis des „kalten Wassers"

Eine Impfung schützt – daran glauben die Experten, so wollen es die Medien wissen. Aber nicht alle, eine kleine verschworene Gruppe von Menschen, die sich eigenverantwortlich um ihre Gesundheit kümmert, verlässt sich lieber auf Jahrtausende alte Erkenntnisse als auf eine in vielerlei Hinsicht unabsehbare genetische Therapieimpfung.

Was steckt hinter diesen heute fast schon blasphemischen Ansichten?

Seit der Corona-Pandemie ist immer öfter vom Eisbaden oder Eisschwimmen die Rede. Propagandiert wird es vom Niederländer Wim Hof, der auch als „The Iceman" bekannt ist.

So neu ist diese Methode aber gar nicht. Der 1821 geborene **Sebastian Kneipp**, später auch als **„Wasserdoktor"** bekannt, erkrankte um 1849 schwer an einer offenen Lungen-Tuberkulose und wurde von seinen zwei Hausärzten aufgegeben. Durch Zufall entdeckte er ein Buch des Arztes Johann Siegmund Hahn über die Heilkraft des kalten Wassers.

Von der Medizin aufgegeben, ging er mitten im Winter aus seinem Kloster zur Donau, hackte das Eis auf und sprang für einige Sekunden hinein. Das wiederholte er zwei bis drei Mal wöchentlich und sein Gesundheitszustand fing an, sich stetig zu verbessern. 1852 galt er als vollständig geheilt. Des Weiteren hatte er im Rahmen einer Choleraepidemie mit seinen Wasseranwendungen mehr Erfolge als die ortsansässigen Ärzte und überlebte im fortgeschrittenen Alter eine Infektion mit Pocken-Viren. (Die Sterblichkeitsrate bei Erkrankung mit echten Pocken beträgt je nach Stamm 10-90%, im Durchschnitt 30%.) Im Gegensatz dazu liegt die weltweite Sterblichkeitsrate bei Corona bei 0,15%.

Lupus erythematodes (eine Autoimmunerkrankung) konnte erstmals nachweislich von Pfarrer Sebastian Kneipp erfolgreich behandelt werden. Selbst heute hat die Medizin noch keinen wirklichen Durchbruch bei der Behandlung oder Heilung dieser Erkrankung erzielen können.

Je beliebter Sebastian Kneipp aufgrund seiner Erfolge bei der Bevölkerung wurde, desto kritischer wurde sein Handeln von Ärzten und Apothekern angesehen. Ihnen missfiel, dass Kneipp Kranken effektiv und ohne großen Aufwand helfen konnte. Es wurde Anzeige gegen ihn erstattet, doch Kneipp wurde vor Gericht freigesprochen.

Seine Erkenntnisse hält Kneipp in seinem **Buch „Meine Wasserkur"** fest, in dem auch ein Kapitel zur Kräuterheilkunde aus humoralmedizinischer Sicht zu finden ist.

Bis heute gelten folgende Grundlagen und Merksätze der Kneipp'schen Kaltwasseranwendungen:

- Immer (!) einen Kaltreiz auf einen warmen Körper (bettwarm oder nach Bewegung)
- Danach warm einpacken und nachwirken lassen + leichte Bewegung oder warmes Zimmer
- Bei regelmäßiger Anwendung ist ausgewogene Mischkost notwendig (da sehr stoffwechselaktivierend)
- Die Geheimzutat: Ein bisschen „heroische Selbstüberwindung"

Probieren Sie es einfach aus! Und keine Angst vor der Kälte, sie begleitet uns bereits seit hunderttausenden Jahren und Ihr Körper weiß damit umzugehen.

In letzter Zeit hat der Niederländer **Wim Hof** (auch bekannt als „The Iceman") von sich reden gemacht und Kälte-/Kaltwasseranwendungen auf ein neues Level gebracht, indem er sich bei vielen seiner Experimente wissenschaftlich begleiten ließ. So konnte er beweisen, dass Kältetraining zusammen mit Atemübungen den Körper zu ungeahnten Höchstleistungen bringen kann.

Zu seinen unglaublichen Erfolgen gehören:

- Den Mount Everest nur in Shorts zu besteigen
- Einen Marathon in der Wüste von Namibia zu laufen, ohne dabei Wasser zu trinken
- Einen ganzen Marathon nur in Shorts am Polarkreis zu laufen
- Nur in Badehose fast 2 Stunden im Eiswasser zu verharren

Diverse Universitäten wurden bereits auf ihn aufmerksam und er nimmt an vielen Experimenten teil.

Darunter ein Experiment, bei dem er und von ihm geschulte Studenten (in nur einer Woche) gezeigt haben, dass sie ihr Immunsystem auf einen von ihm verabreichten Erreger bewusst steuern konnten. Hier die Studie auf Pubmed: https://www.ncbi.nlm.nih.gov/pmc/articles/PMC4034215/

Wim Hof und seine Studenten schafften es, dass ihr Körper mit einer absichtlichen Infektion mit Escherichia Coli-Bakterien symptomlos fertigwerden konnte, wenn dieser vorher durch Kälte und Atemtechniken trainiert wurde. Diese Bakterien rufen im Normalfall heftige Reaktionen wie Bauchschmerzen, Erbrechen, Übelkeit und Fieber hervor.

Generell kann man folgende gesundheitliche Auswirkungen des Kältetrainings festhalten:

- Stärkeres Immunsystem
- Körper wird basischer
- Entzündungshemmende Hormone werden ausgeschüttet
- Besserer Schlaf
- Schnellere Erholung
- Verbesserte sportliche Leistungen
- Mehr Gelassenheit und besserer Umgang mit Stress
- Erhöhte Energie und Widerstandskraft

Wie man mit dem Kältetraining beginnen kann:

Ganz einfach – mit **kaltem Duschen.**

Zuerst mit warmem Wasser, dann die letzten 30 Sekunden mit kaltem Wasser. Tiefes und ruhiges Atmen dabei nicht vergessen.

Nach ein paar Tagen kann die Zeit unter dem kalten Wasser auf eine Minute gesteigert werden, danach auf zwei Minuten. Nach einiger Zeit kann man versuchen, ohne warmes Wasser am Beginn zu duschen.

Danach ist man bereit für das **kalte Baden.** Oder man fängt damit bereits im Sommer an (bei 15-20°C Wassertemperatur) und führt es bis in den Winter fort.

Mehr Informationen zu diesem Thema gibt es auf der Homepage von Wim Hof: https://www.wimhofmethod.com/

Viel Spaß – für eine sichere Gesundheit, ohne Angst vor Erregern.

Anhang D: Tipps zur zusätzlichen Infektabwehr mit biologischen Mitteln für Jung und Alt

Die Basis „Symbioflor I" ist ein probiotisches Arzneimittel mit lebenden Enterococcus Faecialis-Bakterien und dient laut Hersteller zum Schutz bei chronischen Erkrankungen der Atemweg wie Bronchitis und Nebenhöhlenentzündungen. Seit Jahrzehnten wird es auch als Basismittel bei akuten Infekten (ausgenommen Harnwegsinfekte) zur Immunmodulation verwendet.

Tipp: 3 x 20-30 Tropfen ½ Stunde vor den Mahlzeiten

Ergänzend dazu werden meist folgende Mittel zur Unterstützung verwendet:

Bei Verdacht auf **virale Infektion** (z.B. hohes Fieber, Gliederschmerzen, Müdigkeit, eher wenig klarer bis weißer Schleim)**:** „Quentakehl D5" 3 x 8 Tropfen

+ das pflanzliche **Antiinfektivum „Umckaloabo"** je nach Alter 3 x 10-20 Tropfen

+ „Gripp-Heel" 3 x 10 Tropfen

+ Echinacea-Präparate, Vitamin C

Bei Verdacht auf **bakterielle Infektion** (z.B. viel weißer, grüner, gelblicher Schleim): „Notakehl D5" 3 x 8 Tropfen

+ das pflanzliche **Antiinfektivum „Umckaloabo"** je nach Alter 3 x 10-20 Tropfen

Bei Verdacht auf **Pilzinfektion**: „Pefrakehl D5" 3 x 8 Tropfen

+ auf ausreichende basische Versorgung achten

Anhang E: Wie ein Selbstbehandlungsplan bei einer akuten Covid-19-Infektion aussehen könnte

In den beinahe zwei Jahren, in denen es Covid-19 nun gibt, hat die Schulmedizin noch immer keine Behandlungsrichtlinien oder Mittel für eine akute Infektion gefunden. Die Menschen werden oftmals zu Hause mit ihrer Erkrankung alleingelassen. Die Naturheilkunde ist den Patienten unterdessen mit gutem und erfolgreichem Rat beigestanden. Dies könnte in etwa folgendermaßen ausgesehen haben.

Anwendungen:

- Je nach Fieber und Krankheitsgefühl warme oder kühle Einläufe.
  Zusätzliche salinische Darmberieselung mit Glauber- oder Bittersalz bei schweren Fällen.

- Leichte Schonkost oder generelles Fasten in den ersten Tagen. Striktes Weglassen von Milch und Zucker.

- Viel Schlaf, Bettruhe und Entspannung.

Supplementation:

- „Gripp-Heel" + „Engystol" im stündlichen Wechsel zur Sicherheit und bei „vorbelasteten" Patienten

Proteolytische Enzyme wie „Wobenzym" oder „KaRazym"

Bereits in den 1930er-Jahren regte der aus Wien stammende Universitätsprofessor Dr. Max Wolf an, verschiedene Krankheiten mit Enzymen zu behandeln. Heute ist die systemische Behandlung mit proteolytischen (eiweißauflösenden) Enzymen eine wichtige Behandlungsmethode in der Naturheilkunde.

Zunächst wurden die Enzyme nur bei der Therapie von **akuten und chronischen Entzündungen** eingesetzt, auch bei solchen, die in der Folge von Verletzungen entstehen. Neben der Behandlung von **Verletzungen** haben sich proteolytische Enzyme auch in der Behandlung von Sportverletzungen (z.B. Zerrungen, Prellungen) bewährt.

Interessante Perspektiven ergaben sich aufgrund neuester wissenschaftlicher Erkenntnisse durch die Tatsache, dass manche Proteasen in der Lage sind, **pathogene Immunkomplexe (z.B. Zytokinsturm) zu eliminieren**. Pathogene Immunkomplexe lagern sich im Gewebe ab und können nach Aktivierung der Komplementkaskade eine Gewebsschädigung herbeiführen. Sie können zudem die Abwehr schwächen, indem sie die Aktivität von Makrophagen, natürliche Killerzellen und anderen Phagozyten hemmen.

Den schädigenden Effekten pathogener Immunkomplexe können proteolytische Enzyme wirksam begegnen, indem sie diese abbauen. Haben sich Immunkomplexe bereits im Gewebe abgelagert, so können sie durch Enzyme wieder herausgelöst werden. Ferner sind sie in der Lage, Fibrose zu vermindern und **den gestörten Lymphkreislauf in Schwung zu bringen.**

Die Präparate enthalten verschiedene Enzyme, die die Heilsreaktionen im Körper beschleunigen. Bei Flüssigkeitsansammlungen im Gewebe (Ödeme) zersetzen sie große Teilchen, die durch die Lymphflüssigkeit abtransportiert werden. Dadurch werden die Ödeme verkleinert und Schmerzen, die durch erhöhte Spannung infolge der Schwellung entstanden sind, werden beseitigt. **Das Mittel hilft Stoffe und abgestorbene Zellen abzubauen**, die bei einer Entzündung im Gewebe entstanden sind. Es unterstützt und beschleunigt die Wirkung körpereigener Stoffe, Entzündungen zurückzubilden. Dadurch wird die normale Blutzusammensetzung wiederhergestellt und die Durchblutung der kleinen Gefäße verbessert sich. Bei Entzündungen kann es zu verstärkter Bildung des Blutfaserstoffes Fibrin kommen, der bei der Blutgerinnung entsteht. **Das Mittel steigert die Zersetzung des Fibrinnetzes und löst so kleinste Gerinnsel auf.** Dadurch wird die Durchblutung kleiner Gefäße, die durch diese Gerinnsel verlegt waren, verbessert. Wenn Erreger oder Stoffe (Antigene) in den Körper eindringen, lagern sich Verbindungen aus Antikörpern und Abwehrzellen des Körpers in bestimmten Körperregionen ab. Diese Ablagerungen (Immunkomplexe) verursachen Entzündungsreaktionen. Solche Immunkomplexe können von den Enzymen abgebaut werden. Bei Entzündungen ist die Durchlässigkeit der kleinsten Blutgefäße erhöht. Dadurch tritt

Flüssigkeit aus den Blutgefäßen in das umliegende Gewebe und Ödeme entstehen. Das Mittel dichtet die Gefäße hingegen ab.

Es ist demnach zur Anwendung bei Entzündungen, Schwellungen und Stillstand sowie zur Verminderung der Blutzirkulation geeignet.

Auch bei Zuständen nach einem Blutgerinnsel im Gefäßsystem wie z.B. bei Unterschenkelgeschwüren (Ulcus cruris) Flüssigkeitsansammlungen im Gewebe (Ödeme), Ansammlungen von Lymphen im Gewebe (Lymphödeme), nach einer Strahlenbehandlung, Schwellungen durch äußere Gewalteinwirkung, zur Vorbeugung und Behandlung von Entzündungen bzw. Schwellungen nach Operationen.

Die Behandlung von **Autoimmunerkrankungen** ist das jüngste Indikationsgebiet der systemischen Therapie mit Enzymkombinationen. Seit 1991 ist zweifelsfrei erwiesen, dass proteolytische Enzyme bei Autoimmunerkrankungen eindeutige Therapieerfolge erzielen. Die langsame – bisher nur mit aggressiver Therapie aufzuhaltende – Zerstörung von körpereigenem Gewebe und Organen wird gebremst.

Seit den frühen 1960er-Jahren weiß man, dass die systemische Gabe von proteolytischen Enzymen Thrombophlebitis und andere entzündliche Gefäßerkrankungen lindern und heilen kann.

Dass **Viruserkrankungen** sehr gut auf proteolytisch wirksame Enzyme ansprechen, ist seit Anfang der 1970er-Jahre bekannt.

Die Wirkung tritt oft schon eine halbe Stunde nach der Einnahme auf.

Dazu möchte ich noch eine persönliche Bemerkung anbringen: Warum die Schulmedizin diese Behandlungswerkzeuge zur Covid-19-Behandlung nicht einsetzt, ist mir gänzlich unverständlich. Sie sind seit 100 Jahren bekannt, als Nahrungsergänzung frei verkäuflich, gut erforscht und passen zudem auf das Komplikationsbild von Covid-19.

Menschen, die gerinnungshemmende Medikamente nehmen, müssen hier vorsichtig sein. Bitte nur unter Rücksprache mit einem Arzt oder Therapeuten anwenden.

Biografie

Karin Kummer, geboren 1980, war ursprünglich Heilmasseurin. Sie arbeitet seit 2003 mit ihrem Partner Anton in deren gemeinsamer Naturheilpraxis zusammen und ist vorwiegend auf alternative Labormethoden wie Dunkelfeldmikroskopie, Trockenblutanalyse und Urinanalyse spezialisiert. Ihre weiteren Tätigkeitsfelder sind Pflanzenspagyrik und Schamanismus. Sie ist Mitbegründerin des Verbandes für Naturheilkunde Österreichs, Vizepräsidentin des Institutes für ein fittes Leben und Vortragende in der KUGE Naturheilkunde-Akademie.

Anton Kummer, geboren 1969, startete nach seiner Laufbahn als Florist und Masseur mit dem Studium zum Heilpraktiker, Fastenbegleiter und Ernährungsberater bei Dr. M. O. Bruker. Er eröffnete seine eigene Praxis im Jahr 1996. Zu seinen Ausbildern zählten u.a. Dr. med. M. O. Bruker, Dr. Johanna Budwig (Öl-Eiweißkost), Dr. med. Rau, Dr. med. Braun von Gladiß und Dr. med. Heinrich Kremer.

Sein Spezialgebiet ist die Testmethode Elektroakupunktur nach Dr. Voll und das Intensiv-Coaching seiner Klienten in Sachen Ordnungstherapie (Hilfe zur Selbsthilfe).

Er ist Gründungsmitglied und Vizepräsident des Verbandes der Naturheilkunde Österreichs, fachlicher Direktor und Trainer der KUGE Naturheilkunde-Akademie, Präsident des Institutes für ein fittes Leben und Leiter einiger naturheilkundlicher

Forschungsprojekte wie z.B. der gesundheitlichen Wiederherstellung nach Covid19-Impfungen.

Literaturhinweise

Unsere Nahrung – unser Schicksal

Dr. med. M.O. Bruker, Emu Verlag

Lust ohne Reue – tierisch-eiweiss-frei

Waltraud Becker, Emu Verlag

Öl-Eiweiss-Kost

Dr. Johanna Budwig, Sensei Verlag

Meine Wasserkur/So sollt ihr leben

Pfarrer Sebastian Kneipp, Trias Verlag

Quellen

Dr. med. Erich Rauch *Naturheilbehandlung der Erkältungs- und Infektionskrankheiten* Haug Verlag 1991

Dr. med. Erich Rauch *Blut- und Säfte-Reinigung* Haug Verlag 1981

Dr. Max Gerson *Eine Krebs-Therapie* Waldthausen Fachbuch 1996

Dr. med. M. O. Bruker *Unsere Nahrung unser Schicksal* Emu-Verlag 1987

Dr. Werner Kollath *Die Ordnung unserer Nahrung* Haug Verlag 1992

Dr. Johanna Budwig *KREBS - Das Problem und die Lösung* Sensei Verlag 2000

Dr. med. Julius Hackethal *Der Meineid des Hippokrates: Von der Verschwörung der Ärzte zur Selbstbestimmung des Patienten* Lübbe-Verlag 1993

Dr. med. Max-Bircher Benner *Ordnungsgesetze des Lebens* Bircher-Benner Verlag GmbH 2014

Dr. Willi Blumenschein *Den Krebs besiegen: Behandlungsmöglichkeiten und Heilungschancen der Schulmedizin. Zusatztherapiemöglichkeiten und Behandlungsalternativen der biologischen Medizin. Ein kritischer Patientenratgeber* Verlag: CHEIRON 1986

Dr. Alfred Brauchle *Handbuch der Naturheilkunde* Verlag Philipp Reclam jun. Leipzig 1942

Luis Kuhne *Die neue Heilwissenschaft* Verlag von Louis Kuhne 1896

http://www.symptome.ch/wiki/Mitochondropathie

Haftungsausschluss

Der Inhalt dieses Buches dient allein der Information. Es liegt nicht in der Absicht der Verfasser, Diagnosen zu stellen oder medizinische Verordnungen zu erteilen. Wenn ein Leser diese Informationen dazu benutzen will, seine eigenen Gesundheitsprobleme zu lösen, nimmt er sein Recht auf Selbstbehandlung in Anspruch. Die Verfasser können jedoch keine Haftung übernehmen.

Die in diesem Buch dargestellten Verfahren sind sogenannte außerschulmedizinische Behandlungs- und diagnostische Methoden, die wissenschaftlich nicht allgemein anerkannt sind. Die naturheilkundliche Behandlung kann keine notwendige wissenschaftlich fundierte Behandlung eines Arztes ersetzen. Meiner Meinung nach gilt dies allerdings bei manchen gesundheitlichen Problemen auch umgekehrt. Alle getroffenen Aussagen über Möglichkeiten, Eigenschaften und Wirkungen sowie Indikationen der vorgestellten Präparate/Therapien beruhen auf reinen Erkenntnissen und Erfahrungswerten der Praxisinhaber, von Heilpraktikern, Naturheilkundigen und Ärzten, welche die hier beschriebenen Präparate/Therapien einsetzen. Diese Beobachtungen bzw. Erkenntnisse wurden ausschließlich durch auf Tatsachen beruhenden Laboruntersuchungen, Patienten- und Therapeutenerfahrungsberichten aus der täglichen Praxis in der jeweiligen Therapierichtung zusammengetragen. Sie werden von der herrschenden und allgemein gesicherten sowie anerkannten wissenschaftlichen Schulmedizin bzw. Wissenschaft nicht geteilt und anerkannt.

Weder dem Therapeuten noch den Patienten soll suggeriert werden, dass alle hier genannten Indikationen oder Erkrankungen durch den Einsatz der beschriebenen Präparate heilbar seien. Naturheilmittel und Nahrungsergänzungsmittel ersetzen in keinem Fall den Einsatz von Arzneimitteln und/oder den Besuch beim Arzt. Bei den beschriebenen Produkten handelt es sich zumeist um Kräuterpräparate, Nahrungsergänzungsmittel oder Mittel der Alternativmedizin. Es handelt sich nicht um pharmakologisch wirkende Arzneimittel im schulmedizinischen Sinn. Dies schließt nicht aus, die ernährungsphysiologische Wirkung der Nahrungsergänzungs- und Naturmittel zur unterstützenden Begleitung einer Therapie einzusetzen. Mit den Naturheilmitteln und Nahrungsergänzungsmitteln kann eine ärztliche Therapie und die Verwendung von pharmakologisch wirkenden Arzneimitteln nicht ersetzt werden.

Platz für Notizen